Regenwetter
Freizeitführer

Inhalt

Ralph Bernet

Regenwetter

Freizeitführer   Schweiz

et **EDITION LAN**

Löwen

Fressen und gefressen werden ...

Mitten im geschäftigen Treiben der Stadt Basel gibt es eine grüne Oase mit verschlungenen Wegen und Tieren aus aller Welt – den Zoo Basel. Ein Besuch im «Zolli», wie die Basler sagen, kann auch an einem Regentag empfehlenswert sein, denn wir entdecken viele Hallen, in welchen wir lange verweilen und Tiere beobachten können.

Nachdem wir die Eintrittskarte beim Eingang an der Heuwaage gekauft haben – es gibt auch Familienkarten – starten wir mit unserem Rundgang durch den Zoo Basel.

Der erste Höhepunkt befindet sich nur wenige Schritte nach der Kasse. Im Vivarium entdecken wir Aquarien mit Rochen, Terrarien mit Schlangen sowie Pinguine, die sich hier auch im Sommer wohl fühlen. Vom Vivarium ist es nicht weit ins Affenhaus, wo wir dem bunten Treiben der Klein- und Menschenaffen beiwohnen können. Nächste Station unseres Rundganges ist das Etoscha-Haus. Etoscha heisst auch der grösste Nationalpark Namibias, der etwa halb so gross ist wie die Schweiz. Der wohlklingende Name stammt aus der Sprache der «Buschmann»-Stämme im Norden Namibias (Afrika). Im Etoscha-Haus erfahren wir mehr über den Nahrungskreislauf «fressen und gefressen werden»: Woher kommt der Sauerstoff, den wir atmen? Warum gibt es weniger Fleisch- als Pflanzenfresser? Weshalb kennt die Natur keinen Abfall? Wer aufmerksam durchs Etoscha-Haus spaziert, findet auf alle diese Fragen spannende Antworten. Als Nächstes besuchen wir das Haus Gamgoas oder «den Ort, wo die Löwen» sind, was das Wort übersetzt bedeutet. Wir finden dort eine interaktive Infolandschaft und erfahren Überraschendes aus dem Leben der Tiere. Gamgoas, das ist aber nicht nur der Ort, wo die Löwen sind, auch die Kompostierer und Bodenbelüfter der Savanne, die Termiten, und die urzeitlich ausschauenden Nilkrokodile geben Einblick in die faszinierende Tierwelt Afrikas. Wenn wir uns wieder dem Ausgang zubewegen, nehmen wir viele Erlebnisse und wichtige Erkenntnisse über die Tiere und ihre Lebensräume mit nach Hause.

Die Löwen faulenzen auf dem Felsen vor dem Haus
Gamgoas.
Les lions aiment flâner sur les falaises de la maison de
Gamgoas.

Oben: Im Etoscha-Haus bieten Terrarien Einblicke in
verschiedene Lebensräume (z. B. die Zwergmäuse).
Haut: La maison d'Etoscha se compose de terrariums
habités par différents animaux (ex. la souris naine).

Unten: Fast 400 verschiedene Tierarten bewohnen das
Vivarium, darunter auch der Eselspinguin.
Bas: Près de 400 animaux différents habitent le viva-
rium, parmi eux également des pingouins.

I N F O

Anreise mit dem öV
SBB bis Basel, Tram 10 bis Haltestelle
Zoo.
Kursbuchfelder 700, 500, 505.

Anreise mit dem Auto
A2 Ausfahrt Basel-City, weiter
Richtung Heuwaage, Wegweiser Zoo
beachten, gebührenpflichtiger
Parkplatz direkt beim Eingang.

Geöffnet
365 Tage im Jahr geöffnet, von 8.00
bis 18.00 Uhr – Mai bis August bis
18.30, November bis Februar bis
17.30 Uhr.

Idealalter
Der Zoo Basel ist für Kinder jeglichen
Alters ein Erlebnis. Auch mit
Kinderwagen geeignet.

Zeitaufwand
Es gibt so viel zu sehen, dass man den
ganzen Tag im Zoo Basel verweilen
könnte, die meisten bleiben zwischen
zwei und vier Stunden.

Verpflegung
Es gibt im Zoo viele Picknickplätze
unter schattigen Bäumen, aber auch
ein günstiges Selbstbedie-
nungsrestaurant mit Terrasse.

Weitere Auskünfte
Zoo Basel, 4011 Basel
Tel. 061 295 35 35
www.zoobasel.ch
Der Zoo Basel ist rollstuhlgängig!

I N F O

Transports publics
CFF jusqu'à Bâle, puis tramway no 10 jusqu'à l'arrêt Zoo.

Indicateur, pos. 700, 500, 505.

Trajet en voiture
A2 sortie Basel-City, puis direction Heuwaage, suivre les indicateurs pour le Zoo, places de parc payantes en face de l'entrée.

Ouverture
365 jours par année, de 8h00 à 18h00 – de mai à août jusqu'à 18h30, de novembre à février jusqu'à 17h30.

Âge idéal
Le Zoo de Bâle est une belle aventure pour les enfants de tous les âges. Egalement idéal avec une poussette.

Durée
Il y a tant à voir que nous pourrions passer la journée au Zoo de Bâle, la plupart des visiteurs restent entre deux et quatre heures.

Boire et manger
Il y a dans le zoo de nombreuses places de pique-nique sous de beaux arbres, ainsi qu'un restaurant self-service avantageux doté d'une terrasse.

Renseignements
Zoo de Bâle, 4011 Bâle
Tél. 061 295 35 35
www.zoobasel.ch

Le zoo est accessible en fauteuil roulant!

Mustergültiges Bauen für Tiere und Rollstuhlfahrer – im Etoscha-Haus sind Leute mit Handicap willkommen. Construction exemplaire pour les animaux et les personnes à mobilité réduite – la maison d'Etoscha.

Oben: Begegnungen der unheimlichen Art. Gut zu wissen, dass eine Glasscheibe die Kinder schützt.
Haut: rencontre peu ordinaire. Il est bon de savoir qu'une vitre protège les enfants …

Unten: Auch diese Totenkopfäffchen fühlen sich im Zoo Basel wohl und geniessen das Familienleben.
Bas: ces petits singes se sentent bien au Zoo de Bâle et savourent les joies de la vie de famille.

Manger et être mangé ...

Au cœur de l'agitation de la ville de Bâle se trouve une oasis verte, dotée de chemins romantiques et habitée par des animaux du monde entier – le Zoo de Bâle. La visite du zoo est également très intéressante lorsqu'il fait mauvais temps. En effet, de nombreuses salles nous proposent d'observer différents animaux, au chaud et à l'abri.

Après avoir acheté nos billets à l'entrée, située au chemin Heuwaage – il y a également des billets pour les familles – nous démarrons tranquillement notre aventure au zoo de Bâle.

Le premier point fort se situe non loin de la caisse. Le vivarium nous permet de découvrir des aquariums habités par des raies, des terrariums appartenant à différents serpents et des pingouins, bien heureux d'être au frais en été. Du vivarium, nous atteignons rapidement la maison des singes, où nous nous amusons des galipettes de différentes espèces. La prochaine station de notre tournée est la maison d'Etoscha. Etoscha est également le nom du plus grand parc national de Namibie, dont la superficie correspond à celle de la moitié de la Suisse. Ce nom aux consonances agréables provient des populations Buschmann du nord de la Namibie (Afrique). Dans la maison d'Etoscha, nous découvrons le cercle de la vie «manger et être mangé»: d'où vient l'oxygène que nous respirons? Pourquoi la terre compte-t-elle moins de carnivores que d'herbivores? Pourquoi la nature ne produit-elle pas de déchets? Celui qui se promène avec attention à travers la maison d'Etoscha trouve des réponses à toutes ces questions intéressantes. Enfin, nous visitons la maison de Gamgoas, dont la traduction signifie «l'endroit où vivent les lions». Nous y trouvons un paysage informatif interactif et apprenons des choses surprenantes sur la vie des animaux. Gamgoas n'est pas que la demeure des lions, mais également des animaux chargés de fertiliser et aérer le sol de la savane, les termites. Les crocodiles du Nil complètent cet aperçu fascinant du règne animalier africain. De retour à la sortie, nous rentrons chez nous, riches de nouvelles informations relatives aux animaux et à leurs conditions de vie.

Einziges Museum für pointierten Humor

Das Karikatur & Cartoon Museum Basel ist das einzige Museum in der Schweiz, das sich der Kunstform des gezeichneten, pointierten Humors annimmt! Gegründet 1979, ist es seit 1996 inmitten von Basel, in der St. Alban-Vorstadt 28, zu Hause. Das Museum thematisiert in seinen Ausstellungen die Vielfalt der Kunstrichtung Karikaturen & Cartoons, bietet mit dem monatlich wechselnden Cartoonforum der aktuellen Szene eine Plattform und zeigt die eigene Sammlung internationaler Künstler. Die architektonische Besonderheit des Museums liegt in der überraschenden Kombination eines gotischen, erstmals 1422 erwähnten Gebäudes mit einem vom renommierten Architekturbüro Herzog & de Meuron 1996 gebauten, dreigeschossigen Neubau. Die Verbindung zwischen Alt- und Neubau erfolgt über einen Lichthof mit Passerellen. Seit Herbst 2005 besitzt das Museum ein durch Herzog & de Meuron vollständig neu gestaltetes Foyer mit Museumsshop.

Un musée voué à l'humour satirique

Le musée de la caricature et des cartoons, Karikatur & Cartoon Museum Basel, est le seul musée en Suisse, dédié à l'humour satirique exprimé sous forme de dessins artistiques. Fondé en 1979, il s'est installé en 1996 au cœur de Bâle, à la rue St. Alban-Vorstadt 28. Le musée thématise par ses expositions hétérogènes, la diversité de la branche artistique de la caricature et des cartoons, offre une plateforme à la scène actuelle grâce à son Cartoonforum réaménagé mensuellement et présente sa collection composée d'œuvres d'artistes internationaux. La particularité architectonique du musée réside dans la combinaison surprenante entre un bâtiment gothique, mentionné pour la première fois en 1422, et une nouvelle construction de trois étages, réalisée par le célèbre bureau d'architectes Herzog & de Meuron en 1996. La liaison entre l'ancienne et la nouvelle construction se fait par une cour dotée de passerelles. Depuis l'automne 2005, le musée possède en outre un foyer aménagé par Herzog & de Meuron et doté d'un magasin.

Der architektonisch vorbildlich gestaltete Innenhof zwischen Alt- und Neubau.
Une cour intérieure magnifique relie l'ancien et le nouveau bâtiment.

Oben: Die Glasfassade des Neubaus mit dem eindrucksvollen Innenhof.
Haut: La façade en verre du nouveau bâtiment et la cour intérieure.

Unten: Das übersichtlich gestaltete Foyer mit Museumsshop und Postkartenwand.
Bas: Le foyer, abritant le magasin du musée et un présentoir à cartes postales.

Karikatur & Cartoon Museum – Basel

I N F O

Anreise / Trajet

Ab Bahnhof SBB mit Tram 2 bis Kunstmuseum / ab Badischer Bahnhof mit Tram 2 bis Kunstmuseum.
Mit dem Auto: A2 Ausfahrt Basel-City, weiter Richtung Bahnhof SBB, dort Parkhaus benützen und mit Tram 2 bis Kunstmuseum.

De la gare CFF/gare allemande «Badischer Bahnhof», tram no 2 jusqu'au Kunstmuseum. En voiture: A2 sortie Basel-City, puis direction gare CFF, utiliser son parking et prendre le tram no 2 jusqu'au Kunstmuseum.

Kursbuchfelder / Indicateur pos. 700, 500.

Geöffnet / Ouverture

Ganzjährig, von Mittwoch bis Samstag, 14.00–17.00 Uhr, Sonntag, 10.00–17.00 Uhr, Montag und Dienstag geschlossen.

Toute l'année du mercredi au samedi 14h00 – 17h00, dimanche 10h00 – 17h00, lundi et mardi fermé.

Besonderes / Particularités

Öffentliche Führungen jeden Sonntag, 15.00 Uhr – Workshop für Schulklassen, Privatgruppen und Erwachsene auf Anfrage unter fuehrungen@cartoonmuseum.ch.

Visite guidée publique tous les dimanches à 15h00 – atelier pour classes d'école, groupes et adultes sur demandes via e-mail à fuehrungen@cartoonmuseum.ch.

Weitere Auskünfte / Renseignements

Karikatur & Cartoon Museum Basel
St. Alban-Vorstadt 28, 4052 Basel
Tel. 061 226 33 60
www.cartoonmuseum.ch
info@cartoonmuseum.ch

Historisches Museum Basel

Gleich vier historische Museen hat die Stadt Basel zu bieten, alle sind in geschichtsträchtigen Häusern untergebracht – in einer Kirche aus dem 14. Jahrhundert, einem ehemaligen Gefängnis, einer vornehmen Stadtvilla und einer einfachen Scheune im Botanischen Garten.

Die Sammlung des Historischen Museums Basel hat zwar die Stadt und ihre Region im Fokus (z. B. Basler Münsterschatz, der bis ins 11. Jahrhundert zurückreicht), ihr kulturgeschichtliches Einzugsgebiet ist aber ganz Mitteleuropa. Spezialsammlungen (Musikinstrumente, Meissener Porzellan, Uhren) geniessen internationales Renommee. Für Kinder immer eindrücklich sind die Kanonen aus der Burgunderbeute (Barfüsserkirche) oder das Märchen von Peter und dem Wolf (Musikmuseum), welches mit zauberhaften Melodien untermalt ist. Für Kindergruppen und Jugendliche bietet das Historische Museum Basel spezielle Animationsangebote, welche gebucht werden können (Tel. 061 205 86 70).

Musée Historique de Bâle

La ville de Bâle abrite quatre musées d'histoire, tous aménagés dans des bâtiments historiques – une église du 14ème siècle, une ancienne prison, une noble villa citadine et une simple grange dans un jardin botanique.

La collection du Musée Historique de Bâle est certes axée sur la ville et sa région (p.ex. le trésor de la cathédrale de Bâle, qui remonte au 11ème siècle), elle évoque toutefois l'histoire des civilisations de l'Europe Centrale entière. Ses collections spéciales (instruments de musique, porcelaine de Saxe, montres) jouissent d'une renommée internationale. Les canons du Butin de Bourgogne (église Barfüsserkirche) et le conte de Pierre et le loup (musée de la musique) sur fond sonore enchanteur, sont particulièrement intéressants pour les enfants. Pour les groupes d'enfants et d'adolescents, le Musée Historique de Bâle propose des animations spéciales sur réservation (tél. 061 205 86 70).

Dieses Tasteninstrument aus dem Jahre 1572 ist kein Klavier, sondern ein so genanntes Virginal.
Cet instrument à touches de 1572 n'est pas un piano, mais un virginal (clavecin).

Aus dem unermesslich wertvollen Münsterschatz stammt das Bürstenreliquiar der heiligen Ursula (oben), das Kutschencoupé, zu bewundern im Botanischen Garten (unten), wurde von der Familie La Roche gefahren.

Le buste de Sainte Ursula (haut) fait partie du précieux trésor de la cathédrale de Bâle, ce «coupé», que l'on découvre au musée du jardin botanique (bas), était utilisé par la famille La Roche.

I N F O

Anreise / Trajet
Die vier Ausstellungshäuser des Historischen Museums Basel sind in der Stadt verteilt: die Barfüsserkirche am Barfüsserplatz, das Haus zum Kirschgarten an der Elisabethenstrasse 27/29, das Musikmuseum im Lohnhof 9 und das Kutschenmuseum im Botanischen Garten Brüglingen (Stadtplan im Internet).

Les quatre sites d'exposition du Musée Historique de Bâle sont répartis en ville: l'église Barfüsserkirche à la place Barfüsserplatz, la maison Kirschgarten à la rue Elisabethenstrasse 27/29, le musée de la musique à la rue Lonhof 9 et le musée des calèches au jardin botanique de Brüglingen (plan dans l'Internet).

Geöffnet / Ouverture
Die vier Museen haben unterschiedliche Öffnungszeiten, weitere Infos im Internet unter www.hmb.ch.

Les quatre musées ont des heures d'ouverture différentes, informations détaillées sous www.hmb.ch.

Idealalter / Âge idéal
Ab ca. 10 Jahren.
Enfants dès 10 ans env.

Zeitaufwand / Durée
Eine bis mehrere Stunden.
Entre une et plusieurs heures.

Verpflegung / Boire et manger
Café Barfüsserkirche.

Weitere Auskünfte / Renseignements
Historisches Museum Basel
Tel. 061 205 86 00
www.hmb.ch

Ein vergnügliches Museumserlebnis

Es sei gleich vorweggenommen: Das prächtige Wettsteinhaus in Riehen entfaltet seinen Charme besonders auch bei Sonnenschein an einem warmen Sommertag.
Im Haus entdecken wir ein buntes Museum, das eine grosse Welt im Kleinen ist. Spielzeug ist für die Kinder die grosse, weite Welt der manchmal unterhaltenden und manchmal auch lehrreichen Beschäftigung. Es hat für alle etwas dabei: Wer sich für die Technik begeistert, vertieft sich in die Details der Spielzeugeisenbahn; wer sich für schöne Gesichter interessiert, findet sie bei den Puppen.
In den Rundgang sind an verschiedenen Stellen kleine Spielstationen eingestreut, die den Aufenthalt im Museum zu einem vergnüglichen Erlebnis machen. Auf diese Weise erholt, kommen die kleinen und grossen Besucher zu einfachem Spielzeug aus Tannenzapfen oder Tierknochen, zu Baukästen, Stofftieren und Puppen, zu Kaufläden, Zauberlaternen, Guckkästen und Papiertheatern. Mit der Möglichkeit zu spielen, richtet sich das älteste Spielzeugmuseum der Schweiz – es wurde 1972 eröffnet – ausdrücklich auch an die jungen und jüngsten Besucherinnen und Besucher.

Un musée qui comble de plaisir

Que cela soit dit: cette magnifique bâtisse ancienne, située à Riehen, est également particulièrement attrayante par un beau jour d'été ensoleillé.
Nous découvrons à l'intérieur de la maison un musée coloré – un vaste univers contenu dans un petit monde. En effet, pour les enfants, les jouets forment l'univers gigantesque du divertissement, en se montrant parfois amusants, mais aussi instructifs. Il y en a pour tous les goûts: celui qui est intéressé par la technique se plonge avec engouement dans les détails d'une maquette de train, tandis que les jeunes demoiselles qui aiment pouponner s'émerveillent devant les poupées. De petites stations de jeux parsèment le circuit en différents endroits, faisant de la visite du musée un véritable plaisir. Par la possibilité qu'il offre de jouer, le plus ancien musée de jouet de Suisse – ouvert en 1972 – s'adresse particulièrement aux jeunes visiteurs.

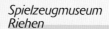

Spielzeugmuseum Riehen

I N F O

Das Spielzeugmuseum ist im historischen Wettsteinhaus in Riehen bei Basel untergebracht..
Le musée du jouet se situe dans une bâtisse historique de Riehen près de Bâle.

Oben: Dieser Puppenkochherd hat vor mehr als hundert Jahren die Kinderherzen höher schlagen lassen.
Haut: Cette cuisine pour poupée était un jouet prisé des fillettes il y a plus de 100 ans.

Unten: Faszination Eisenbahn – eine Spielzeug-Museumslok und eine betriebsfähige Anlage nebenan.
Bas: Fascination maquette de train – une locomotive exposée au musée et une maquette en fonction.

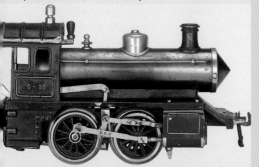

Anreise / Trajet

Vom Bahnhof Basel mit Tram 8 bis Barfüsserplatz, dort umsteigen in Tram 6. In Riehen Dorf aussteigen. Mit dem Auto: A3 bis Ausfahrt Badischer Bahnhof, weiter nach Riehen bis Parkhaus Zentrum.

De la gare de Bâle, tramway no 8 jusqu'à la place Barfüsserplatz, changer pour le tramway 6. Descendre à Riehen Dorf. En voiture: A3 jusqu'à la sortie Badischer Bahnhof, puis direction Riehen – parking «Zentrum».

Geöffnet / Ouverture

Mittwoch bis Montag, 11.00–17.00 Uhr. Tage, an denen das Museum geschlossen ist: siehe Internet.

Du mercredi au lundi de 11h00 à 17h00. Le musée est fermé certains jours, consulter l'Internet.

Idealalter / Âge idéal

Ab ca. 6–7 Jahren. Für Kindergeburtstage stehen massgeschneiderte Programme zur Verfügung.

Enfants dès 6–7 ans env. Un programme pour les anniversaires est organisé sur demande.

Verpflegung / Boire et manger

Mehrere Restaurants in der Umgebung des Spielzeugmuseums.

Plusieurs restaurants dans les environs du musée du jeux.

Weitere Auskünfte / Renseignements

Spielzeugmuseum, Dorf- und Rebbaumuseum Riehen
Baselstrasse 34, 4125 Riehen
Tel. 061 641 28 29
www.riehen.ch

Sehen, hören, riechen und tasten

Im Schein einer Taschenlampe durchs Museum tappen und spannende Geschichten hören? Haifischchen beobachten, die aus ihren Eiern schlüpfen? Von Hanni, der Weberin, erfahren, wie es sich vor rund 200 Jahren in einer Posamenterfamilie lebte? Fühlen, wie sich das Winterfell eines Tieres vom Sommerpelz unterscheidet? Das alles und vieles mehr bietet das Museum.BL, eines der vielseitigsten Museen der Region Nordwestschweiz. Neben unseren ständigen Angeboten («Mein Museum» findet jeweils von November bis Mai statt) zeigen wir rund um Ostern und in der Adventszeit Ausstellungen speziell für Kinder und Familien. Das Museum verwandelt sich dabei – je nachdem – in eine Winterlandschaft, einen Märchenwald oder in einen Hinterhof zum Spielen. Jedes Mal sieht alles wieder anders aus, und vieles lässt sich neu entdecken!
Das Museum.BL ist teilweise rollstuhlgängig, Betroffene und ihre Angehörigen können sich anmelden.

Voir, entendre, sentir, toucher

Déambuler à la lueur d'une lampe de poche à travers un musée en écoutant des histoires passionnantes? Observer des requins qui sortent de leurs œufs? Une tisserande qui raconte la vie telle qu'elle se déroulait il y a 200 ans? Toucher la différence entre le pelage d'été et la fourrure d'hiver de certains animaux?
Le musée de Bâle propose ces découvertes et d'autres dans l'un des musées régionaux les plus hétérogènes du Nord Ouest de la Suisse. Outre les offres permanentes («Mein Museum» est ouvert entre novembre et mai), des expositions spéciales sont mises sur pied pour les enfants et les familles pendant la période de Pâques et de l'Avent. Le musée se transforme alors en merveilleux paysage hivernal, en forêt enchantée ou en cour de jeux. Le décor est différent à chaque fois et de nombreuses nouvelles découvertes sont proposées!
Le musée est en partie accessible en fauteuil roulant, les personnes concernées et leurs accompagnants peuvent s'annoncer!

Der Wasserfrosch kommt als heimische Art auch in Baselbieter Feuchtgebieten vor.
La grenouille, habitante indigène des zones humides de la campagne bâloise.

Oben: Für Schulen werden individuelle Projekte und Workshops für alle Altersstufen angeboten.
Haut: Des projets individuels et ateliers sont proposés aux classes d'école de tous les âges.

Unten: Ein spezieller Kindernachmittag (Mein Museum) lädt zu spielerischen Erkundungen ein.
Bas: Un après-midi dédié aux enfants («Mein Museum») convie à des découvertes ludiques.

I N F O

Anreise / Trajet

Ab Bahnhof SBB Basel verkehren viertelstündlich Züge nach Liestal (S-Bahn, Interregio); ab Aeschenplatz Basel Bus Nr. 70 oder 80. Ab Liestal Bahnhof ca. 5 Minuten Gehzeit (blaue Wegweiser beachten).
Parkmöglichkeiten beim Museum eingeschränkt.

De la gare CFF de Bâle, des trains circulent toutes les 15 min. à dest. de Liestal; de la place «Aeschenplatz» à Bâle, bus no 70 ou 80. De la gare de Liestal, env. 5 min. de marche (suivre les indicateurs bleus). Possibilités de parcage restreintes aux abords du musée.

Kursbuchfelder / Indicateur pos. 500, 500.10.

Geöffnet / Ouverture

Dienstag bis Freitag, 10.00–12.00 und 14.00–17.00 Uhr. Samstag und Sonntag 10.00–17.00 Uhr.

Du mardi au vendredi de 10h00 à 12h00 et de 14h00 à 17h00. Samedi et dimanche 10h00 à 17h00.

Idealalter / Âge idéal

Ab ca. 5 Jahren. Informationen über spezielle Angebote für Kinder und Familien unter Tel. 061 925 59 86.

Dès 5 ans. Informations relatives aux offres spéciales pour enfants et familles au no 061 925 59 86.

Weitere Auskünfte / Renseignements

Museum.BL
Zeughausplatz 28, 4410 Liestal
Tel. 061 925 59 86
www.museum.bl.ch

Augusta Raurica: Ab in die Antike!

Spannende Erlebnisse für alle, die sich gerne 2000 Jahre zurückversetzen lassen, bietet Augusta Raurica. Die einstige Grossstadt verfügte über eine hervorragende Infrastruktur. Das Theater zum Beispiel ist die besterhaltene antike Anlage ihrer Art nördlich der Alpen und bot rund 8000 Zuschauern Platz. Ab 2007 wird das imposante Monument nach langjährigen Restaurierungsarbeiten wieder für die Öffentlichkeit zugänglich sein und man darf auf die Spektakel gespannt sein! Eine weitere Attraktion ist das Römerhaus: Fliessendes Wasser, eine Toilette mit Wasserspülung, oder sogar eine Bodenheizung, sind nur einige der Luxuseinrichtungen, die sich wohlhabende Römer leisten konnten. Im Römermuseum wird der sensationelle Silberschatz von Kaiseraugst präsentiert: Mit 56 Kilogramm reinem Silber der weltweit grösste Silberschatz der Spätantike! Wollen Sie noch mehr Überraschendes entdecken? Steigen Sie in die Kanalisation der antiken Stadt, bestaunen Sie das einzigartige unterirdische Brunnenhaus, oder lernen Sie im Haustierpark alte Tierrassen kennen. Weitere Informationen beim Gästeservice in Augusta Raurica, Tel. 061 816 22 22.

Augusta Raurica: voyage dans l'antiquité!

Des découvertes fascinantes pour tous ceux qui aiment se laisser transporter 2000 ans en arrière – c'est ce que propose Augusta Raurica. Cette grande ville des temps passés dispose d'une infrastructure fantastique. Son théâtre, par exemple, est l'aménagement antique de ce genre le mieux conservé au Nord des Alpes et offrait autrefois de la place à 8000 spectateurs environ. En 2007, ce monument imposant sera à nouveau accessible au public. La maison romaine est également une attraction prisée: eau courante, toilette avec évacuation d'eau et même le chauffage au sol sont quelques aspects du luxe que les romains aisés pouvaient s'offrir. Le musée romain expose le fabuleux trésor d'argenterie de Kaiseraugst: avec ses 56 kilo d'argent pur, il est le plus gros trésor d'argenterie déterré depuis la fin de l'époque antique.

Im römischen Theater von Augusta Raurica konnten 8000 Zuschauer das Spektakel verfolgen.
L'amphithéâtre romain d'Augusta Raurica offrait de la place à 8000 spectateurs.

I N F O

Anreise / Trajet

Von Basel oder ab Rheinfelden mit der S1 bis Kaiseraugst, von dort 10 Gehminuten bis zum Römermuseum. Mit dem Auto ab Ausfahrt Augst den braunen Hinweisschildern «Augusta Raurica» folgen. Es gibt Besucherparkplätze.

De Bâle ou Rheinfelden avec le train S1 jusqu'à Kaiseraugst, puis 10 minutes à pied. En voiture, sortie Augst et suivre les panneaux bruns «Augusta Raurica». Places de parc à disposition.

Kursbuchfeld / Indicateur pos. 500.10.

Geöffnet / Ouverture

Montag, 13.00–17.00 Uhr, Dienstag bis Sonntag, 10.00–17.00 Uhr. November bis Februar, 12.00–13.30 geschlossen. Aussenanlagen, «römischer» Haustierpark und Schutzhäuser täglich, 10.00–17.00 Uhr.

Le lundi de 13h00 à 17h00, du mardi au dimanche de 10h00 à 17h00. Novembre à février fermé de 12h00 à 13h30. Aménagements externes, parc animalier, etc. tous les jours de 10h00 à 17h00.

Idealalter / Âge idéal

Ab ca. 7 Jahren.
Enfants dès 7 ans env.

Zeitaufwand / Durée

Eine bis mehrere Stunden.
Entre une et plusieurs heures.

Weitere Auskünfte / Renseignements

Römerstadt Augusta Raurica
Giebenacherstrasse 17, 4302 Augst
Tel. 061 816 22 22
www.augusta-raurica.ch

Oben: Im luxuriös eingerichteten Römerhaus steht das WC … in der Küche.
Haut: Dans cette maison romaine luxueuse, les toilettes sont … dans la cuisine.

Unten: Der grösste Silberschatz der Spätantike kann im Römermuseum besichtigt werden.
Bas: Le trésor d'argenterie de la fin de l'époque antique est exposé au musée.

Museum für Musikautomaten

Das Museum für Musikautomaten Seewen SO, rund 15 Kilometer von Basel, begeistert seit Jahren eine stetig wachsende Fangemeinde und gehört zu den sehenswertesten Attraktionen der Nordwestschweiz.

Das Museum verdankt seine Existenz der leidenschaftlichen Sammlungstätigkeit von Dr. h. c. Heinrich Weiss, der über Jahrzehnte hinweg liebevoll eine umfassende Sammlung an Schweizer Musikdosen, Automaten und grossen mechanischen Musikinstrumenten zu einer heute weltberühmten Sammlung zusammengetragen hat. Lassen Sie sich in eine entschwundene Welt entführen: Im Salon bleu erfahren Sie, wie um 1910 perfekte Klaviermusik in den grossbürgerlichen Salon geholt wurde. Bestaunen Sie im Werkstattsaal das Innenleben der Musikautomaten, oder hören Sie sich im Klang-Kunst-Saal Walzer und Tangos an.

Zum Museumsbetrieb gehört auch ein Restaurant mit Aussichtsterrasse und ein Museumsshop.

Le musée des automates à musique

Le musée des automates à musique de Seewen SO, situé à env. 15 kilomètres de Bâle, suscite l'engouement depuis des années et fait partie des attractions les plus intéressantes du Nord-Ouest de la Suisse.

Le musée doit son existence à l'activité de collectionneur passionné, exercée par le Dr Heinrich Weiss. Celui-ci a rassemblé avec amour, des décennies durant, une vaste collection de boîtes à musique suisses, automates et gros instruments mécaniques, qui a su acquérir une notoriété mondiale. Laissez-vous entraîner dans un univers fascinant: dans le Salon bleu, vous découvrez comment la musique résonnait dans les grands salons bourgeois en 1910, l'atelier vous permet d'admirer la constitution des automates à musique, avant que vous ne soyez emportés par les sons envoûtants de la valse et du tango. Le musée abrite également un restaurant, doté d'une terrasse panoramique et un magasin de souvenirs.

Das Museum für Musikautomaten bietet faszinierende Einblicke in die Welt der Klänge, so im KlangKunst-Saal.
Le musée des automates à musique offre une perspective fascinante de l'univers du son et de la musique.

Oben: Die Faszination Musik und Technik wird im Salon bleu sinnlich inszeniert.
Haut: La fascination de la musique et de la technique merveilleusement mise en scène.

Unten: Auch diese bombastische Jahrmarktsorgel, ein Wunderwerk der Technik, gilt es zu bewundern.
Bas: Nous découvrons également de nombreuses merveilles de la technique, comme cet orgue.

I N F O

Anreise / Trajet
Mit dem Regionalzug von Basel oder Laufen bis Grellingen, weiter mit dem Postauto bis Seewen Post, von dort ca. 15 Minuten zu Fuss zum Museum. Mit dem Auto über Basel bis Grellingen, dann via Seewen zum Museum.

En train via Bienne et Laufon jusqu'à Nunningen, puis car postal jusqu'à Seewen Post. De là 15 min. à pied. En voiture, autoroute dir. Bâle, sortie Liestal, puis via Bubendorf jusqu'à Seewen.

Kursbuchfelder / Indicateur pos. 230, 230.65.

Geöffnet / Ouverture
Dienstag bis Sonntag, 11.00–18.00 Uhr; für Gruppen sind auch Führungen ausserhalb der Öffnungszeiten möglich.

Du mardi au dimanche de 11h00 à 18h00, pour les groupes visites possibles également hors de ces heures.

Idealalter / Âge idéal
Ab ca. 8 Jahren.
Enfants dès 8 ans env.

Zeitaufwand / Durée
Zum Besuch gehört eine 60-minütige Führung, bei welcher die Automaten vorgeführt werden.

Visite guidée de 60 minutes, pendant laquelle les automates sont présentés en détail.

Weitere Auskünfte / Renseignements
Museum für Musikautomaten
Bollhübel 1, 4206 Seewen
Tel. 061 915 98 80
www.musee-suisse.ch/seewen
musikautomaten@slm.admin.ch

Dinosaurier und der Kirchenschatz

Sind Sie schon einmal einem ausgewachsenen Dinosaurier im Wald begegnet? Im jurassischen Réclère ist dies seit einigen Jahren möglich, allerdings droht keine Gefahr von den Biestern. Sie sind aber täuschend ähnlich nachgebildet worden, und von Weitem könnte man wirklich glauben … Keine Nachbildung ist auf jeden Fall die geheimnisvolle Grotte unter den Dinos. Ein rund einstündiger Rundgang führt durch die Welt der Tropfsteine. Das Musée de l'Hôtel-Dieu in Porrentruy ist kein Hotelmuseum, es präsentiert den Schatz der Kirche «St-Pierre», eine Ahornholz-Apotheke mit 241 Porzellan- und Glastöpfen, eine grosse Sammlung von Taschenuhren aus den Jahren 1880–1950, ein Kupferstich-kabinett sowie viele weitere Ausstellungsstücke. Genauso interessant ist ein Besuch im Musée Jurassien Delémont. Es besteht aus fünf an das fürstbischöfliche Schloss angrenzende Gebäude und präsentiert den Kanton Jura mit Themen wie Ärchäologie, Geschichte, Hand-werkskunst, Volkskunst und vielem mehr.

Dinosaures et trésor d'église

Avez-vous déjà rencontré un dinosaure adulte dans une forêt? Depuis quelques années, le village jurassien de Réclère et son Préhisto Parc rendent cette expérience possible. Les reproductions que l'on y découvre se rapprochent fortement de la réalité et de loin, il serait facile de penser qu'un véritable dinosaure, surgi de la nuit des temps, nous attende au détour du chemin. Les grottes situées en dessous du parc nous dévoilent leurs secrets. Le musée de l'Hôtel-Dieu, à Porrentruy, présente le trésor de l'église «St-Pierre», une pharmacie en bois d'érable dotée de 241 pots en porcelaine et en verre, une belle collection de montres de poche des années 1880 à 1950, un cabinet serti de gravures en cuivre, ainsi que de nombreux autres objets d'exposition. La visite du musée jurassien de Delémont est passionnante elle aussi. Le musée présente sa collection dans cinq bâtiments contigus, attenants au châ-teau. Il évoque, entre autres, l'archéologie, l'histoire, l'artisanat et l'art populaire du canton du Jura.

Realistisch – aus dem Dickicht ragt der Kopf eines Dinosauriers.
Réaliste à s'y tromper – une tête de dinosaure surgit d'un fourré.

Oben: Die 22 Ausstellungsräume im Musée Jurassien sind auf fünf Etagen verteilt.
Haut: Les 22 salles d'exposition du Musée Jurassien sont réparties dans cinq bâtisses.

Unten: Das Musée de l'Hôtel-Dieu befindet sich in einem im Barockstil erbauten ehemaligen Krankenhaus.
Bas: Le Musée de l'Hôtel-Dieu est aménagé dans un ancien hôpital, construit en style baroque.

I N F O

Anreise / Trajet

Von Biel oder Basel über Delémont mit den SBB nach Porrentruy, weiter mit dem Postauto Richtung Damvant bis Réclère. Mit dem Auto: via Delémont auf der Autobahn nach Porrentruy, weiter über Chevenez und Rocourt nach Réclère.

De Bienne ou Bâle, via Delémont puis Porrentruy en train CFF. Ensuite, car postal direction Damvant jusqu'à Réclère. En voiture: via Delémont sur l'autoroute en direction de Porrentruy, puis par Chevenez et Rocourt jusqu'à Réclère.

Kursbuchfelder / Indicateur pos. 230, 240, 240.20.

Geöffnet / Ouverture

Je nach Ausflugsziel unterschiedlich, genaue Zeiten im Internet.

En fonction de la destination, heures exactes sur l'Internet.

Weitere Auskünfte / Renseignements

Jura Tourisme, 2800 Delémont
Tel. 032 420 47 71

Jura Tourisme, 2900 Porrentruy
Tel. 032 420 47 72
www.juratourisme.ch

Préhisto Parc, 2912 Réclère
Tel. 032 476 61 55
www.prehisto.ch

Musée de l'Hôtel-Dieu
Grand-Rue 5, 2900 Porrentruy
Tel. 032 466 72 72
www.museehoteldieu.ch

Musée Jurassien Delémont
52, rue du 23-Juin, 2800 Delémont
Tel. 032 422 80 77
www.mjah.ch

Bowling in Delémont, Karting in Develier

Nur wenige Schritte vom Bahnhof Delémont entfernt, erwartet uns das Croisée des Loisirs, ein Freizeitzentrum, wo zahlreiche Indoor-Aktivitäten während eines regnerischen Tages möglich sind. Wie wärs mit einer Partie Bowling? 18 Bahnen erwarten alle Fans, die wieder einmal eine präzise Kugel rollen lassen möchten. Daneben gibts weitere Sportmöglichkeiten auf sieben Hallentennisplätzen, vier Squash- und Badmingtonfeldern. Billard, Restaurant und eine Spielecke für Kinder fehlen natürlich nicht. Das Croisée des Loisirs ist das grösste Freizeitzentrum der Region.

In Develier, nur wenige Kilometer von Delémont, gibts ein ganz anderes Regenwetter-Abenteuer. Auf der 540 Meter langen Kartbahnen fahren wir auf zwei Etagen, dies ist in der Schweiz einzigartig. Es geht also auf und ab mit Kart oder Pocketbike. Gefahren wird mit 80 km/h schnellen Honda-Karts, für Kinder gibts spezielle Fahrzeuge. Die Preise sind moderat: 10 Minuten kosten 20 Franken, für 3 x 10 Minuten zahlen wir 50 Franken.

Bowling à Delémont, karting à Develier

A seulement quelques pas de la gare de Delémont, se trouve La Croisée des Loisirs, qui propose de nombreuses activités intérieures, pour égayer les jours de pluie. Que diriez-vous d'une partie de bowling? 18 pistes attendent les amateurs du lancer de boule de précision. D'autres activités sont également proposées, telles que des courts de tennis en salle, quatre cours de squash et de badminton, du billard, un restaurant et un coin de jeux pour les enfants. La Croisée des Loisirs est le plus grand centre de loisirs de la région.

A Develier, à juste quelques kilomètres de Delémont, nous attend une autre aventure idéale par mauvais temps: une piste de kart de 540 mètres, aménagée sur deux étages, une exclusivité en Suisse. Montées et descentes se succèdent, en kart ou sur un pocketbike. Des karts Honda permettent d'atteindre 80 km/h, des karts spéciaux sont réservés aux enfants. Les prix sont modestes: 10 minutes coûtent 20 francs ou 3 x 10 minutes 50 francs.

18 Bowling-Bahnen sorgen im grössten Freizeitzentrum
der Region für Kurzweil.
Les 18 pistes de bowling éveillent l'enthousiasme à La
Croisée des Loisirs.

Oben: Das Croisée des Loisirs von Delémont ist ein be-
liebtes Ausflugsziel, nicht nur bei Regenwetter.
Haut: La Croisée des Loisirs à Delémont est un lieu
apprécié, pas uniquement lorsqu'il pleut.

Unten: In Develier können wir auf einer 540 Meter langen Kartbahn auf zwei Etagen fahren.
Bas: Develier nous permet de piloter un kart sur une
piste de 540 m, aménagée sur deux étages.

I N F O

Anreise / Trajet

Von Biel oder Basel mit Bahn oder
Auto nach Delémont. Weiter nach
Develier mit dem Postauto (Fahrt-
richtung Lucelle) oder mit dem Auto
(Ausfahrt A16 Delémont-Ouest, dann
Richtung Devlier).

De Bienne ou Bâle en train ou en voiture jusqu'à Delémont. Un car postal
conduit ensuite à Develier (dir. Lucelle).
En voiture, autoroute A16 direction
Delémont Ouest, puis dir. Develier.

Kursbuchfelder / Indicateur pos. 230,
230.10.

Geöffnet / Ouverture

La Croisée des Loisirs: Montag bis
Donnerstag, 8.00–00.30 Uhr, Freitag
bis 1.30, Samstag, 10.00–1.30 Uhr,
Sonntag bis 0.30 Uhr.
Karting Develier: Montag bis
Donnerstag, 19.00–23.00 Uhr,
Freitag, 17.00–24.00 Uhr, Samstag,
14.00–24.00 Uhr und Sonntag,
14.00–19.00 Uhr.

La Croisée des Loisirs: lundi à jeudi
8h00–00h30, vendredi jusqu'à
01h30, samedi 10h00–01h30, dimanche jusqu'à 00h30.
Karting Develier: lundi à jeudi 19h00–
23h00, vendredi 17h00–24h00,
samedi 14h00–24h00 et dimanche
14h00–19h00.

Weitere Auskünfte / Renseignements

La Croisée des Loisirs, Rue Emile-
Boéchat 87, 2800 Delémont
Tel. 032 422 96 66
www.lacroisee-sport.ch,

Karting Indoor Develier, Route de
Delémont 73, 2802 Develier
Tel. 032 422 10 12
www.kartingdevelier.ch

Pferde, Autos, Moor und Eiskarts

Die Freiberge auf einer Höhe von rund 1000 m ü. M. bieten neben ihren wunderschönen und grossflächigen Weiden einzigartige Einblicke in die Pferdezucht. Die Pferdeheime in Le Jeanbrenin, Le Roselet und Les Bois (Maison Rouge) stehen täglich für Gruppen ab 10 Personen offen. An einigen Tagen im Jahr (siehe Internet) können auch Einzelpersonen die Pferderanch besuchen, es gibt auch mehrere Kindernachmittage.

Wer sich mehr für Pferdestärken interessiert, kommt im Automuseum von Muriaux auf seine Kosten. Hier werden vor allem Klassiker, vom Zèbre (1913) bis zum Ferrari, präsentiert. Das Centre Nature in Les Cerlatez liegt am Etang de la Gruère und informiert über die Tier und Pflanzenwelt. Mit guten Schuhen ist auch an einem Regentag der Rundgang am Moorsee möglich.

Nicht weit von Saignelégier liegt am Waldrand ein Freizeitzentrum mit Hallenbad, 73 Meter langer Outdoor-Wasserrutsche, Sprudelbad und Eishalle (Winter), in welcher sogar Kartfahrten auf Eis möglich sind.

Chevaux, voitures, tourbière, karts

La Fondation pour le Cheval accueille tous les jours, sur les 3 sites du Roselet, de Maison Rouge (Les Bois) et du Jeanbrenin, des groupes dès 10 personnes et propose des visites guidées. Ces «ranchs» sont également ouverts au grand public (consulter le site internet), des après-midi pour les enfants y sont organisés périodiquement. Celui qui s'intéresse davantage aux chevaux que renferment les moteurs sera comblé par le Musée Automobile de Muriaux. Des classiques, du Zèbre (1913) à la Ferrari, y sont exposés. Le Centre Nature, situé aux Cerlatez, borde l'étang de la Gruère et livre aux visiteurs nombre d'informations sur l'univers botanique et animalier. Equipés de bonnes chaussures, le circuit de la tourbière est également praticable lorsqu'il pleut. Un centre de loisirs a été aménagé, à Saignelégier, à l'orée d'une forêt. Il dispose notamment d'une piscine couverte avec un toboggan intérieur long de 73 mètres, un bain de bulles et une patinoire (en hiver), qui permet même de pratiquer du karting sur glace!

I N F O

Auch im Winter können die Pferderanchs von Gruppen
ab 10 Personen besucht werden.
Les centres pour chevaux peuvent aussi être visités par
les groupes (10 pers.) en hiver.

Oben: Im Automobilmuseum von Muriaux bestaunen
wir 50 Fahrzeuge – vom Oldtimer bis zum Ferrari.
Haut: Le Musée Automobile de Muriaux présente
50 véhicules, de l'oldtimer à la Ferrari.

Unten: In der Nähe vom Centre Nature Les Cerlatez
liegt der einzigartige Moorsee Etang de la Gruère.
Bas: La tourbière et l'Etang de la Gruère se trouve à
proximité du Centre Nature de Les Cerlatez.

Anreise / Trajet

Nach Saignelégier gelangen wir von
Tramelan, Glovelier oder La Chaux-
de-Fonds aus mit dem roten Zug der
Chemins de fer du Jura (CJ) oder dem
Bus. Mit dem Auto am schnellsten von
Zürich und Bern aus via Biel, Tavannes
und Tramelan fahren.

Nous atteignons Saignelégier avec la
compagnie ferroviaire des Chemins de
fer du Jura (CJ) au départ de
Tramelan, Glovelier ou La Chaux-de-
Fonds. En voiture, le chemin le plus direct depuis Berne ou Zurich passe par
Bienne, Tavannes et Tramelan.

Kursbuchfelder / Indicateur pos. 236,
237, 236.10, 237.15.

Geöffnet / Ouverture

Je nach Ausflugsziel unterschiedlich,
genaue Zeiten im Internet.

En fonction de la destination, heures
exactes sur l'Internet.

Weitere Auskünfte / Renseignements

Jura Tourisme, 2350 Saignelégier
Tel. 032 420 47 70
www.juratourisme.ch

Stiftung für das Pferd
Tel. 032 959 18 90
www.philippos.ch

Centre de Loisirs
Tel. 032 951 24 74
www.centredeloisirs.ch

Centre Nature Les Cerlatez
Tel. 032 951 12 69
www.centre-cerlatez.ch

Musée de l'automobile Muriaux
Tel. 032 951 10 40
www.musee-muriaux.ch

Archäologie spannend präsentiert

Das Laténium, ein Archäologiepark und -museum bei Neuchâtel, lädt seine Besucher dazu ein, eine viele Jahrtausende alte Vergangenheit aufleben zu lassen. Der Park befindet sich am Ufer des Neuenburgersees auf dem Gebiet von Hauterive und erstreckt sich über drei Hektar Uferfläche am Fusse des Juras, mit Blick auf die Alpen.

Vom Museum können wir den Fundort La Tène überblicken, welcher der von Irland bis Rumänien bekannten keltischen Kultur der jüngeren Eisenzeit seinen Namen lieh.

Die im Museum ausgestellten Stücke werden durch Nachbildungen im Park ergänzt. Zum Beispiel der Abguss eines prähistorischen Bodens, Rekonstruktionen eines bronzezeitlichen Wohnhauses, eines Pfahlfeldes, die Überreste einer neolithischen Seeufersiedlung, eines eisenzeitlichen Grabhügels, eines gallo-römischen Lastkahns. Der Park des Laténiums zeigt Bauwerke, Fundstätten und Landschaften aus über 15 000 Jahren Ortsgeschichte.

Fascination archéologie

A quelques minutes de Neuchâtel, le grand musée d'archéologie inauguré en 2001 s'accompagne d'un parc, d'une plage, d'un débarcadère, d'un parking vaste et discret. Face à un paysage grandiose, les espaces d'exposition présentent les trouvailles de La Tène devant le site qui donna son nom à la civilisation celtique du 2e âge du fer. Mais les millénaires d'avant La Tène, ainsi que les siècles qui nous rattachent à ces ancêtres guerriers et artistes, font aussi partie du Laténium, témoignage impressionnant du dialogue homme – nature durant plus de 500 siècles. Lieu de promenade apprécié, le parc du Laténium raconte l'histoire des rivages et des hommes qui y vécurent depuis la fin de l'époque glaciaire jusqu'à nos jours. La reconstitution des paysages qui se succédèrent en ce lieu, de la toundra à l'agriculture, alterne avec le port et sa barque celtique, le «village lacustre» d'il y a 6000 ans, les foyers du campement des cro-magnons, ancêtres de l'humanité actuelle ...

Grösstes Exponat des Laténiums: der 20 Meter lange
gallo-römische Lastkahn von Bevaix.
Le plus grand objet du Laténium: le chaland gallo-
romain de Bevaix. Il mesure à lui seul près de 20 mètres.

Oben: Ein erstaunliches Objekt – der Hinkelstein aus
dem Neolithikum.
Haut: L'objet le plus étonnant, un menhir néolithique an-
thropomorphe.

Unten: In der Vorstellung sind die «Pfahlbauer» der
Bronzezeit und des Neolithikums noch gegenwärtig.
Bas: L'exposition transpose dans le présent les maisons
sur pilotis de l'époque du bronze et du néolithique.

I N F O

Anreise / Trajet

Ab Neuchâtel Bahnhof mit der
Standseilbahn zum See hinunter, dann
mit Buslinie 1 Richtung Marin
bis zur Haltestelle «Musée d'Archéologie». Mit dem Auto auf der A5 bis
Ausfahrt Saint-Blaise und den
Schildern «Laténium» folgen.

En bus de la gare de Neuchâtel:
ligne 1 direction Marin. Descendre
à l'arrêt Musée d'archéologie. En voiture: suivre l'autoroute (tunnel) direction de Marin, prendre la sortie
Hauterive. A l'entrée d'Hauterive,
juste avant le passage sous le pont du
train, tourner à droite direction Port
d'Hauterive.

Geöffnet / Ouverture

Dienstag bis Sonntag, 10.00–17.00
Uhr, Montag geschlossen.

10h00 à 17h00 du mardi au dimanche, fermé le lundi!

Idealalter / Âge idéal

Ab ca. 5 Jahren.
Enfants dès 5 ans env.

Verpflegung /
Boire et manger

Es gibt ein schönes Café mit Terrasse
und Blick auf den See.

Venez découvrir le Laténium et la
terrasse de son café au bord de
l'eau.

Weitere Auskünfte /
Renseignements

Laténium – parc et musée
d'archéologie, espace Paul Vouga
2068 Hauterive
Tel. 032 889 69 17
www.latenium.ch

27

Herrschaftliches Schloss am Genfersee

Ein Schloss wie aus dem Märchenbuch, ein Park zum Verlieben… Schloss Prangins, um 1730 im französischen Stil erbaut, hat eine bewegte Geschichte hinter sich. Es war Herrschaftssitz, Zuflucht für einen Fürsten, Knabeninternat und private Residenz. Als Geschenk der Kantone Waadt und Genf kam es in den Besitz der Eidgenossenschaft, die es zum Landesmuseum in der Westschweiz umgestaltete.

Die Hauptallee führt durch einen herrlichen Park im englischen Stil, dahinter öffnet sich das Panorama auf Genfersee und Alpen. Ein weitläufiger Garten, nach zeitgenössischen Quellen angelegt, stellt Früchte- und Gemüsesorten des 18. Jahrhunderts vor.

Wie lebte es sich in der Schweiz des 18. und 19. Jahrhunderts? Die Antwort geben Objekte, Bilder und audiovisuelle Programme im Schloss. Jedes Stockwerk, vom Keller bis zum Dachgeschoss, ist einem anderen Themenbereich gewidmet – zum Beispiel die Lebensideale einer aristokratisch-bürgerlichen Gesellschaftsschicht.

Somptueux château au bord du lac Léman

Un château sorti d'un livre de contes, un parc à en tomber amoureux … Le château de Prangins, construit dans le style français des années 1730, a derrière lui une histoire fascinante. Il fut demeure seigneuriale, refuge princier, internat pour garçons et enfin résidence privée. Cadeau des cantons de Vaud et Genève, il est finalement venu aux mains de la Confédération, qui l'a transformé en musée national.

L'allée principale conduit à travers un parc merveilleux de style anglais, ayant pour coulisse le panorama sur le lac Léman et les Alpes. Un vaste jardin potager, reconstitué selon des sources d'époque, présente des fruits et légumes du 18ème siècle.

Comment vivait-on en Suisse aux 18ème et 19ème siècles? La réponse se trouve dans les objets, photos et programmes audiovisuels du château. Chaque étage, de la cave au grenier, est voué à un thème différent – tel que celui des idéaux de la société noble et bourgeoise, par exemple.

Das Schloss Prangins – wir blicken vom Garten über das Schloss zum Genfersee und zu den französischen Alpen.
Le Château de Prangins, le jardin potager et les rives du lac Léman, avec vue sur la côte française.

I N F O

Anreise / Trajet

Mit den SBB nach Nyon, von dort aus mit dem Bus Nr. 31 oder 32 nach Prangins. Mit dem Auto: Aus Richtung Lausanne Ausfahrt A1 «Gland» benutzen, dann Hinweistafeln beachten.

Train des CFF jusqu'à Nyon, puis bus no 31 ou 32 jusqu'à Prangins. En voiture: de Lausanne, sortie de l'autoroute A1 «Gland», puis suivre les indications.

Kursbuchfelder / Indicateur pos. 150, 150.17.

Geöffnet / Ouverture

Von Dienstag bis Sonntag, 11.00–17.00 Uhr, am Montag, 25. Dezember, 1. und 2. Januar geschlossen.

Du mardi au dimanche, de 11h00 à 17h00, fermé le lundi, les 25 décembre, 1er et 2 janvier.

Idealalter / Âge idéal

Ab ca. 9 Jahren.
Enfants dès 9 ans env.

Zeitaufwand / Durée

Eine bis zwei Stunden.
Une à deux heures.

Verpflegung / Boire et manger

Das Restaurant «Le Maraîcher» bietet Lunch, Eis und Patisserie an.

Le restaurant «Le Maraîcher» propose lunch, glaces et pâtisseries.

Weitere Auskünfte / Renseignements

Musée national suisse, Château de Prangins, 1197 Prangins
Tel. 022 994 88 90
www.musee-suisse.ch

Oben: Für Kinder, die immer willkommene Gäste im Schloss sind, werden zahlreiche Aktivitäten organisiert.
Haut: De nombreuses activités et jeux sont organisés à l'intention des enfants.

Unten: Dieser Gemischtwarenladen aus dem Jahre 1883 stammt aus Seewen im Kanton Schwyz.
Bas: Magasin de denrées coloniales provenant de Seewen (Schwyz), 1883.

Kanonen, Rüstungen, Zinnfiguren

Vor der Kulisse von Montblanc und Genfersee erhebt sich das Schloss von Morges mit seinen vier imposanten Rundtürmen. Es wurde im 13. Jahrhundert durch Louis de Savoie erbaut. Heute beheimatet es vier Museen, nämlich das Waadtländer Militär- und Gendarmeriemuseum, das Artilleriemuseum und das Schweizer Museum für historische Zinnfiguren.

Das Militärmuseum bietet eine grossartige Sammlung antiker Waffen, Rüstungen, Uniformen sowie Waffenröcke der kantonalen Miliz. Das Museum für historische Zinnfiguren zeigt 10 000 Zinnfiguren, die aus der einmaligen Sammlung von Raoul Gérard stammen, verteilt auf 50 plastischen Dioramen – von der Antike bis zu den napoleonischen Kriegen. 40 Kanonen, dazu eine eindrückliche Sammlung von Miniaturmodellen werden im Artilleriemuseum präsentiert. Das Waadtländer Gendarmeriemuseum integriert sich ganz natürlich in das Waadtländer Schloss – eine einmalige Rundschau, welche die Geschichte der Gendarmerie aufzeigt und Sympathien weckt.

Canons, armures et figurines d'étain

Face au Mont-Blanc et au lac Léman, le château de Morges, construit par Louis de Savoie au XIIIe siècle, dresse ses quatre tours rondes chargées d'histoire. Il abrite quatre musées, le Musée militaire vaudois, le Musée de la Gendarmerie vaudoise, le Musée de l'artillerie et le Musée suisse de la figurine historique. Le Musée militaire vaudois présente une magnifique collection d'armes anciennes et d'ordonnance, des armures, des uniformes ainsi que des coiffures et habits des milices cantonales. Sélectionnées dans la fabuleuse collection de Raoul Gérard, les dix mille figurines du Musée de la figurine animent cinquante dioramas retraçant l'histoire, de l'Antiquité aux guerres napoléoniennes. Le Musée de l'artillerie présente quarante bouches à feu, une superbe collection de modèles réduits, complétée par des planches techniques et des gravures. Le Musée de la Gendarmerie s'insère naturellement dans le patrimoine vaudois par l'histoire de son Corps. Une rétrospective inédite qui permet à la Gendarmerie d'aller à la rencontre de la population.

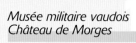

Musée militaire vaudois
Château de Morges

Mittelalterliche Rüstungen und Helebarden in einem
Saal des Mittelalters.
Collection d'armures médiévales et de lances, le Châ-
teau de Morges fait revivre le moyen âge.

Oben: Das Schloss Morge wurde im Jahre 1286 von
Louis de Savoie erbaut.
Haut: Le château de Morges, construit par Louis de
Savoie en 1286.

Unten: 50 Dioramen präsentieren Zinnsoldaten aus der
Sammlung von Raoul Gérard.
Bas: 50 dioramas sont animés par des figurines d'étain
de la collection de Raoul Gérard.

INFO

Anreise / Trajet

InterRegio und Intercity-Neigezüge
(ICN) halten in Morges, das zwischen
Lausanne und Genf liegt. Vom Bahn-
hof aus erreichen wir zu Fuss das
Schloss an der Place du Port. Mit dem
Auto: Ausfahrt A1 Morges Est, dann
Richtung Zentrum, Parkhaus am Place
Dufour.

InterRegio et Intercity ICN font halte à
Morges, petite ville située entre
Lausanne et Genève. De la gare, nous
rejoignons le château à pied. En voiture: sortie A1 Morges Est, puis direction
centre, parking à la place au Parc de
l'Indépendance.

Kursbuchfeld / Indicateur pos. 150.

Geöffnet / Ouverture

Von Dienstag bis Freitag, 10.00–12.00
Uhr und 13.30–17.00 Uhr (im Juli/
August Dienstag bis Sonntag, 10.00–
17.00 Uhr), am Wochenende von
13.30–17.00 Uhr, Montag geschlossen.

Du mardi au vendredi: 10h00 –12h00
et 13h30 – 17h00, le week-end de
13h30 à 17h00 (juillet–août ma-di
10h00 –17h00 non-stop), fermé le
lundi.

Idealalter / Âge idéal

Ab ca. 7 Jahren.
Enfants dès 7 ans env.

Verpflegung /
Boire et manger

In der Umgebung des Schlosses gibt
es zahlreiche Restaurants.

De nombreux restaurants se trouvent
à proximité du château.

Weitere Auskünfte /
Renseignements

Musée militaire vaudois
Place du Port, 1110 Morges
Tel. 021 316 09 90
www.chateau-morges.ch

31

25 000 Quadratmeter Spielspass

Der aussergewöhnliche Freizeitpark in La Croix (Lutry) bietet während des ganzen Jahres und bei jedem Wetter interessante Spielmöglichkeiten. Die Liste der Indoor-Anlagen ist grossartig: Trampolin, Air Hockey, Bowling, Tischcurling, Rutschspiele, Kletterspiele, Billard, Tischbasketball, Geschicklichkeitsspiele u. v. m. Es gibt für jedes Alter etwas – ob wir mit der Familie spielen wollen oder jeder für sich. Wenn die Kinder gross genug sind, können die Eltern sich eine Pause beim Cheminée oder einen Kaffee im Restaurant gönnen. Wenn der Regen eine Pause macht, erobern wir draussen den attraktiven Park, der mit vielen weiteren Spielen aufwartet – im Sommer gibt es sogar ein geheiztes Schwimmbad. Planète Jeux bietet verschiedene Reduktionen für Gruppen und diverse Aktivitäten für Geburtstagsfeste, Firmenausflüge usw. Für einen kleinen Eintrittspreis kann man hier praktisch von der gesamten Infrastruktur des Spielparks profitieren.

25 000 m² pour jouer le jeu

Ce parc de jeux exceptionnel propose toute l'année des loisirs constructifs pour toute la famille et par tous les temps dans un cadre d'exception. La liste des installations intérieures, qui s'étendent sur 500 m2, est impressionnante: membrane trampoline, Air Hockey, 2 pistes de jeux de quilles, curling de table, jeux de glisse, de grimpe, billards, basquet de table, jeux d'adresse ou de réflexion. Il y en a pour tous les âges et tous les goûts – que l'on veuille jouer en famille ou chacun pour soi. L'accueil et un service de qualité sont assurés par une équipe dynamique débordant d'idées novatrices. Si les enfants sont assez autonomes, les parents pourront savourer un moment de lecture au coin du feu ou prendre un café en tête-à-tête au restaurant. Et lorsque la pluie fait un intermède et laisse sa place à quelques rayons de soleil, nous pouvons sortir et découvrir un parc attrayant et divertissant, doté de places de jeux, de jeux en plein air – et en été, même d'une piscine chauffée. Planète Jeux propose aussi différentes réductions de groupes et activités particulières pour les anniversaires, les sorties d'entreprise, etc.

I N F O

Die Spielwelt im Planète Jeux ist faszinierend. Hier könnten sich Kinder tagelang austoben. Wenn es regnet, bietet eine Halle zahlreiche Spiele wie Billard, Tischcurling und vieles mehr.

Parc de loisirs pour tous les âges, par tous les temps: Nous proposons toute l'année des loisirs constructifs pour toute la famille dans un cadre d'exception.

Anreise / Trajet

Autobahnausfahrt Belmont/Lutry, weiter Richtung Belmont und dann La Croix. Beim Kreisel hinauf Richtung Savigny. Bei der ersten Kreuzung nach Echerins. Von Les Echerins ca. ein Kilometer Richtung Claie-aux-Moines.

Sortie d'autoroute Belmont/Lutry, suivre Belmont puis La Croix. Au giratoire monter en direction de Savigny puis première à gauche direction Echerins. Depuis les Echerins, 1 km direction la Claie-aux-Moines.

Geöffnet / Ouverture

Unbedingt Internet-Seite von Planète Jeux abfragen, bevor Sie Ihren Ausflug planen. Öffnungzeiten unterschiedlich je nach Saison und Aktivitäten.

Veuillez impérativement consulter le site Internet de Planète Jeux avant votre visite. Heures d'ouverture variables en fonction de la saison et des activités.

Idealalter / Âge idéal

Jedes Alter – Spiele ab ca. 4 Jahren.
Tous les âges – jeux dès 4 ans env.

Verpflegung / Boire et manger

Ein Restaurant bietet warme Küche und feine Snacks.

Un restaurant propose cuisine chaude et snacks.

Weitere Auskünfte / Renseignements

Planète Jeux
Route de la Claie-aux-Moines
1090 La Croix (Lutry)
Tel. 021 729 96 80
www.planete-jeux.ch

Das «weisse Gold» in den Salzminen

D as Salzbergwerk von Bex besteht aus einer Vielzahl von Stollen, Schächten, Treppen und riesigen Hallen, deren Gesamtlänge über 50 Kilometer beträgt.

Heute können einige Kilometer dieses riesigen unterirdischen Labyrinths besucht werden. Der Rundgang erlaubt dem Besucher einen spektakulären Einblick in den Stollenbau seit dem Jahre 1684 bis heute. Eine Tonbildschau in einem 1826 herausgesprengten, ehemaligen Solereservoir und eine Ausstellung dokumentieren die 300-jährige Geschichte des Salzes und des Bergwerks von Bex. Nach dieser eindrücklichen Einstimmung führt der Grubenzug die Besucher ins Innere des Berges. Der Rundgang zu Fuss dauert eine Stunde und erlaubt die gewaltigen Anstrengungen zu bewundern, die damals erbracht wurden, um unter Tag Salzquellen zu finden oder vor Ort das Salz, das «weiss Gold», aus dem Gestein auszulaugen. Die Temperatur im Berg beträgt das ganze Jahr 17 Grad Celsius, wir sollten daher Sportschuhe und einen Pullover mitnehmen.

«L'Or Blanc» – la visite des Mines

V oyagez dans le temps et visitez une attraction unique en Suisse. L'univers souterrain des Mines fut entièrement creusé par la main de l'homme.

Sur les traces des mineurs du 17ème siècle, parcourez quelques-uns des 50 km de ce vaste dédale de conduits, de puits, d'escaliers, de salles gigantesques de galerie au cœur de la montagne salée.

La visite des Mines est un but d'excursion par tous les temps et pour tous les âges. Elle vous permet de découvrir les éléments les plus spectaculaires et les plus caractéristiques des diverses techniques d'exploitation utilisées depuis la 1ère galerie creusée en 1684 par la main de l'homme afin d'y trouver «l'Or Blanc» jusqu'à aujourd'hui.

Recommandations: munissez-vous de chaussures de sport et d'un lainage. La température au cœur des Mines est idéale: 17°C en été comme en hiver. Nos visites sont commentées en français, allemand, anglais ou italien.

Das Salz, früher war es auch als «weisses Gold» bekannt, sorgte für Wohlstand im Tal.
Le sel, connu autrefois sous le nom d'«Or blanc», a contribué à la prospérité de la vallée.

Oben: Spannend und abenteuerlich – mit dem Grubenzug fahren wir in den Bauch des Berges.
Haut: Intéressant et aventureux – voyage vers les entrailles de la montagne.

Unten: Zu Fuss erkunden wir die vielen Stollen und Hallen des Salzbergwerkes.
Bas: Nous découvrons à pied les nombreuses galeries de la mine de sel.

15

Mines de Sel
Bex

I N F O

Anreise / Trajet

Mit den SBB nach Bex, weiter mit der Zahnradbahn Richtung Villars bis Haltestelle Bévieux. Die restlichen 300 m zu Fuss. Mit Auto: Ausfahrt A9 Bex, weiter über Bex Richtung Villars. Parkplätze vor der Salzmine.

Train des CFF à destination de Bex, puis train à crémaillère direction Villars jusqu'à l'arrêt Bévieux. Encore 300 m à parcourir à pied. En voiture: sortie A9 Bex, puis par Bex direction Villars. Places de parc devant la mine de sel.

Kursbuchfelder / Indicateur pos. 100, 127.

Geöffnet / Ouverture

Je nach Jahreszeit unterschiedliche Besuchszeiten, genaue Informationen unter www.mines.ch.

Différentes heures de visite en fonction de la saison, informations détaillées sous www.mines.ch.

Idealalter / Âge idéal

Ab ca. 6 Jahren.
Enfants dès 6 ans env.

Zeitaufwand / Durée

Der Besuch dauert +/– 2 Stunden.
La visite dure +/– 2 heures.

Verpflegung / Boire et manger

Es gibt ein unterirdisches Restaurant und die Auberge du Bouillet.

Restaurant souterrain et Auberge du Bouillet.

Weitere Auskünfte / Renseignements

Mines de Sel de Bex
Route des Mines de Sel, 1880 Bex
Tel. 024 463 03 30
www.mines.ch
info@mines.ch

35

Ein Stück Karibik am Genfersee

Am Südostufer des Genfersees im kleinen Ort Le Bouveret spielen sich unglaubliche Szenen ab. Kinder schwimmen kreischend an einem gefährlichen Piratenschiff vorbei, das mit seinen Bordkanonen auf das Wasser feuert. Und die Eltern sind überhaupt nicht besorgt, sondern sitzen lachend am Ufer.

Natürlich besteht für die Kids keine Gefahr, wir befinden uns in einer der abenteuerlichsten Wasser-Freizeitwelt Europas, dem Aquaparc – 15 000 Quadratmeter pures Vergnügen!

Der Wasserpark ist in drei Welten unterteilt: Im Jungle Land gibts unzählige Rutschbahnen der Superlative. Wer extreme Erlebnisse und starke Emotionen sucht, ist hier richtig. Devil's Fall, Morgan's Thrill, Tortuga's Hurricane sind nur einige Höhepunkte, die uns hier erwarten. Im Tortuga's Hurricane werden wir nach einer steilen Rutschfahrt in einen gigantischen Kreisel geschleudert, in welchem wir wie in einem Hurricane herumgewirbelt werden. Mit 20 Metern Startschuss in der Vertikalen ist der Devil's Fall nichts für Hasenfüsse. Extremes Tempo garantiert!

Das Captain Kids Land ist ganz den Piraten der Karibik gewidmet. Der Nachbau einer Galeone aus dem 19. Jahrhundert entführt die Kinder in das legendäre Reich der Korsaren. Die «Morning Star» ist ein Abenteuerschiff, bestückt mit 6 Wasserkanonen und interaktiven Spielen – keine Frage, das macht Spass! Auf dem Lazy River lassen wir uns durch das ganze Captain Kid's Land treiben, entdecken Grotten und Wasserfälle.

Alle, die älter als 16 Jahre sind, haben Zutritt ins Paradise Land. Hier kann man dem süssen Nichtstun frönen. Eine Wellnesswelt mit Bädern, Saunen, Fitness und Aquabar erwartet die erwachsenen Besucher, während die Jungmannschaft in der Piratenwelt so richtig rumtoben darf.

Und schliesslich führt eine Brücke direkt an den Privatstrand des Genfersees, wo wir eine steife Brise Seeluft schnuppern können. Der Besuch im Aquaparc von Le Bouveret wird wohl noch lange in angenehmer Erinnerung bleiben.

Ein originalgetreu nachgebautes Piratenschiff erwartet die abenteuerlustigen Kids in der «Karibik».
Un bateau de pirate «grandeur nature» attend les enfants aventuriers aux «Caraïbes sur Léman».

I N F O

Anreise mit dem öV
Mit der Bahn via Lausanne nach Montreux. Von dort mit dem Schiff über den Genfersee nach Bouveret.

Kursbuchfelder 250, 100, 3150.

Anreise mit dem Auto
Auf der Autobahn A9 über Montreux bis Ausfahrt Villeneuve. Dann Richtung Evian nach Bouveret. Parkplätze direkt beim Aquaparc.

Geöffnet
Von Anfang April bis Ende September jeweils ab 10.30 bis 20.30 oder 21.30 Uhr geöffnet. Der Indoor-Bereich ist auch im Winter offen – detaillierte Angaben über die Öffnungszeiten gibts im Internet.

Idealalter
Im Wasserpark sind auch Kleinkinder willkommen. Kinder unter 12 Jahren müssen von einem Erwachsenen begleitet sein.

Zeitaufwand
Es können Halbtageskarten (bis 5 Stunden) und Tageskarten an der Kasse gekauft werden.

Verpflegung
Drei Restaurants, das Croc'Café, das Lagune und das Aquabueno stillen jeden Hunger. Picknicks sind auf dem Parkgelände nicht erlaubt.

Weitere Auskünfte
Aquaparc, Route de la Plage
1897 Le Bouveret
Tel. 024 482 00 00
www.aquaparc.ch

Oben: Rutschen, rutschen und nochmals rutschen heisst die Devise im Jungle Land – Spasswert garantiert!
Haut: Glissades sur glissades, telle est la devise du pays de la jungle – facteur plaisir garanti!

Unten: Auf über 100 Quadratmetern wird ein Kinderparadies mit einer erfahrenen Animateurin geboten.
Bas: Paradis des enfants, encadré par une animatrice expérimentée, sur plus de 100 mètres carrés.

I N F O

Transports publics
En train de Lausanne à Montreux, puis bateau de la CGN jusqu'au Bouveret.

Indicateur pos. 250, 100, 3150.

Trajet en voiture
Autoroute A9 via Montreux, puis sortie Villeneuve. Suivre ensuite la route direction Evian jusqu'au Bouveret. Parking devant l'Aquaparc.

Ouverture
De début avril à fin septembre de 10h30 à 20h30 ou 21h30. Le secteur intérieur est également ouvert en hiver, heures d'ouverture détaillées sur l'Internet.

Âge idéal
Le parc aquatique accueille également les enfants en bas âge. Les enfants de moins de 12 ans doivent être accompagnés d'un adulte.

Durée
Des cartes d'une demi-journée (jusqu'à 5 heures) et des cartes journalières sont en vente à la caisse.

Boire et manger
Trois restaurants, le Croc-Café, la Lagune et l'Aquabueno apaisent les petites et grandes faims. Le pique-nique n'est pas autorisé dans le parc.

Renseignements
*Aquaparc, Route de la Plage
1897 Le Bouveret
Tél. 024 482 00 00
www.aquaparc.ch*

14 Sekunden dauert das Abenteuer im Tortuga's Hurricane. Wir fallen dabei 14,93 m in die Tiefe.
14 secondes infernales dans le Tortuga's Hurricane. Une chute de 14,93 mètres.

Oben: Im Geysir-Pool sprudelt und brodelt das Wasser wie in einem richtigen isländischen Geysir.
Haut: Dans le Geysir Pool, l'eau jaillit et bouillonne comme dans un véritable geyser islandais.

Unten: Im Paradies der Rasselbanden können auf dem Piratenschiff abenteuerliche Fantasien ausgelebt werden.
Bas: Au paradis des enfants, de merveilleuses aventures de pirate attendent d'être vécues.

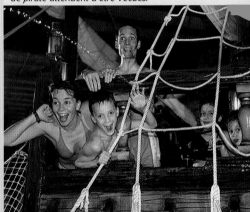

Les Caraïbes sur Léman

Plongez dans les Caraïbes et découvrez le plus grand parc d'attractions aquatiques indoor et outdoor de Suisse! Au cœur d'un paysage naturel contrasté entre massif alpin et lac Léman, Aquaparc «les Caraïbes sur Léman» vous offre fun et détente. Une température de 28° à 32°, un univers de rires, de sensations fortes mais aussi de bien-être, font d'Aquaparc la référence en matière de divertissement aquatique. Aquaparc est unique en Europe, puisqu'il vous offre également un accès privilégié à l'une des plus belles plages de sable fin du lac Léman!

Alors n'hésitez pas et venez découvrir les trois mondes extraordinaires d'Aquaparc adaptés à toute la famille:

Cap'tain Kids Land – rires et frissons pour les enfants. Bravez les vagues déferlantes et prenez d'assaut le bateau pirate!

Jungle Land – sensations fortes et vitesse pour les plus audacieux. Affrontez les sept toboggans géants et faites le plein d'émotions … en toute sécurité! Plongez et glissez dans un décor de plantes exotiques, cascades et cavernes!

Paradise Land – détente et bien-être pour les plus grands. Délassez-vous dans les jaccuzzis, saunas et hammams ou autour d'un cocktail à l'Aquabar. Et n'oubliez pas de réserver vos massages.

Afin de permettre aux parents de profiter de l'espace Wellness, Aquaparc met à disposition une garderie gratuite de cent mètres carrés, ouverte tous les mercredis, week-ends et jours fériés. Les enfants de trois à sept ans, sont accueillis pour une durée d'une heure et demie.

Le Croc'Café et l'Aquabueno Restaurant vous proposent salades exotiques, hamburgers, pizzas, snack, crêpes, pâtisseries, etc. afin de vous recharger d'énergie et repartir à l'assaut des vagues!

En été, Aquaparc double sa surface: terrasse, pelouse verdoyante et du côté du lac, piscine extérieure et une magnifique plage de sable fin! Un vrai paradis balnéaire dans un cadre unique!

Aquaparc, la destination idéale pour vous amuser en famille ou entre amis!

Viel Geschichte auf kleinem Raum

Zwischen Genfersee und Martigny liegt im Rhonetal das Walliser Städtchen St-Maurice. Der Fluss zwängt sich hier durch eine Talenge, und ein Teil des Wassers wird durch einen vier Kilometer langen Stollen abgeleitet und der Elektrizitätserzeugung zugeführt.

Praktisch aus den lotrecht aufragenden Felsen ragt der imposante romanische Glockenturm, eines der Wahrzeichen von St-Maurice. Seit acht Jahrhunderten beschützt er wie ein Wachtposten die Abtei, die 515 vom heiligen Sigismund, Sohn des Königs von Burgund, gegründet wurde. Das Kloster kann besichtigt werden; im Mittelpunkt des Besucherinteresses stehen der Gold- und Silberschatz sowie die archäologischen Ausgrabungen, welche bis ins 4. Jahrhundert zurückreichen. Sehenswert ist aber auch der Kreuzgang, wo wir in eine ganz andere, andächtige Welt entführt werden.

Auch ein Besuch in der herrschaftlichen Burg von St-Maurice lohnt sich. Sie thront über einer strategisch wichtigen Stelle bei der alten Rhonebrücke aus dem 12. Jahrhundert, die bis heute allen Unwettern getrotzt hat. Im Herzen der Festungsanlagen empfängt die Burg ihre Besucher. Hier finden Wechselausstellungen zu Kultur und Geschichte der Region statt. Sehr geheimnisvoll tarnen sich in den Felsen über der Burg die Festungen Cindey und Scex. Die Anlagen, welche über etwas unheimliche Stollen miteinander verbunden sind, entstanden zwischen 1911 und dem Zweiten Weltkrieg. Heute sind die beiden «Forts» Geschichte und können von den Besuchern entdeckt werden. Zu sehen gibts unter anderem 10,5-cm-Panzerabwehrkanonen, unterirdische Schlafsäle, Funk- und Generatorenräume, Offiziersmessen u. v. m.

Oberhalb der Burg von St-Maurice befindet sich an der Bergflanke der Eingang zur Feengrotte. Dieses Naturwunder wurde im Jahre 1863 entdeckt. Ein etwa ein Kilometer langer, beleuchteter Stollen führt zu einem unterirdischen See, der von einem 77 Meter hohen Wasserfall gespeist wird. Auf dem Rückweg sollen von den Besuchern schon Feen gesehen worden sein …

Mit dem Pass «4 en 1» ist es möglich, alle vier Attraktionen an verschiedenen Tagen zu besuchen. Der Pass ist zwei Jahre gültig.

Der Gold- und Silberschatz von St-Maurice anlässlich der Prozession der Reliquien am 22. September.
Le trésor de l'abbaye de St-Maurice à l'occasion de la procession annuelle, organisée le 22 septembre.

I N F O

Anreise mit dem öV
Mit der Bahn via Bern–Fribourg–Lausanne oder Bern–Lötschberg–Brig nach St-Maurice. Achtung: Nicht jeder InterRegio hält in St-Maurice.

Kursbuchfelder 250 bzw. 300 und 100.

Anreise mit dem Auto
Auf der Autobahn A9 über Montreux bis Ausfahrt Saint-Maurice, von dort aus talabwärts ins Stadtzentrum. Parkhaus an der Route du Chablais bzw. in der Nähe der Burg und der Feengrotte.

Geöffnet
Abtei: Die Abteikirche ist täglich 7.00–12.00 Uhr und 13.30–21.00 Uhr geöffnet, der Stiftschatz kann nur bei einer Führung besichtigt werden. Weitere Infos im Internet unter www.abbaye-stmaurice.ch oder Tel. 024 486 04 04.
Burg und Militärfestungen Cindey und Scex: Informationen zu den Öffnungszeiten gibt das Tourismusbüro in St-Maurice.
Feengrotte: täglich von Mitte März bis Mitte November, 10.00–17.00 Uhr bzw. 18.00 Uhr (Juni bis September). Tel. 024 485 10 45
www.grotte.ch/fee

Oben: Die Abtei von St-Maurice mit dem mächtigen Glockenturm, der sich eng an die Felsen schmiegt.
Haut: L'abbaye de St-Maurice et son clocher imposant, se dressent devant les falaises.

Unten: Die Burg von St-Maurice und die Steinbogenbrücke über die Rhone aus dem 12. Jahrhundert.
Bas: Le château de St-Maurice et le vieux pont du Rhône datant du 12ème siècle.

Idealalter
Je nach Sehenswürdigkeit unterschiedlich: Feengrotte ab ca. 5 Jahren, Burg und Festung ab ca. 8 Jahren, Abtei ab ca. 10 Jahren.

Weitere Auskünfte
Saint-Maurice Tourisme, Avenue des Terreaux 1, 1890 St-Maurice
Tel. 024 485 40 40
www.saint-maurice.ch

I N F O

Transports publics
En train via Berne–Fribourg–Lausanne ou Berne–Lötschberg–Brigue jusqu'à St-Maurice. Attention: tous les Inter-Regio ne s'arrêtent pas à St-Maurice.
Indicateur 250, resp. 300 et 100.

Der Hauptplatz in St-Maurice mit Gemeindehaus und Basilika im Hintergrund.
La place centrale de St-Maurice, avec son hôtel de ville et la basilique.

Trajet en voiture
Autoroute A9 par Montreux jusqu'à la sortie Saint-Maurice, rejoindre le centre ville, parking à la route du Chablais, resp. à proximité du château et de la Grotte aux fées.

Ouverture
Abbaye: l'église est ouverte tous les jours de 07h00–12h00 et de 13h30–21h00, le trésor ne peut être vu qu'au cours d'une visite guidée. Infos dans l'Internet sous www.abbaye-stmaurice.ch ou au numéro 024 486 04 04.
Forts de Cindey et Scex: l'office du tourisme de St-Maurice renseigne volontiers au sujet des heures d'ouverture.
Grotte aux fées: tous les jours de la mi-mars à la mi-novembre, 10h00–17h00, resp. 18h00 (juin à septembre) – tél. 024 485 10 45
www.grotte.ch/fee

Oben: Wo dieser unterirdische Gang in der Festung hinter der Burg wohl hinführt? Wir werden ihn erkunden.
Haut: où mène donc ce couloir souterrain du fort, situé en amont du château? Nous allons le découvrir …

Unten: Bezaubernd ist der unterirdische 77 Meter hohe Wasserfall in der Feengrotte.
Bas: la cascade de 77 mètres qui alimente le lac de la Grotte aux fées est de toute beauté.

Renseignements
Saint-Maurice Tourisme
1890 St-Maurice
Tél. 024 485 40 40
www.saint-maurice.ch

Une histoire passionnante

La petite ville valaisanne de St-Maurice se situe entre le lac Léman et Martigny, lovée dans le creux de la vallée du Rhône. Comme jaillissant des falaises abruptes, un imposant clocher roman – un des symboles de St-Maurice – se dresse au-dessus des toits. Il veille depuis huit-cent ans sur l'abbaye, dont la basilique a été fondée en 515 par Saint Sigismond, fils du célèbre roi des Burgondes Gondebaud. Le monastère est ouvert au public. Ses attraits principaux sont sans doute le trésor de l'abbaye et les fouilles archéologiques, qui remontent en partie jusqu'au 4ème siècle. Le cloître est fascinant lui aussi, nous y faisons connaissance avec l'univers du recueillement.

La visite du château seigneurial de St-Maurice est également très intéressante. Il domine un site stratégique important, faisant face au vieux pont du Rhône datant du 12ème siècle. Au coeur d'un réseau de fortifications le château accueille des expositions temporaires en relation avec l'histoire culturelle de la région. Les forteresses de Cindey et Scex se dissimulent dans les falaises dominant le château. Construites entre 1911 et la seconde guerre mondiale, elles sont reliées l'une à l'autre par une galerie naturelle. Les deux forts sont entrés désormais dans l'histoire et sont ouverts au public. Nous y découvrons entre autres des canons antichars de 10,5 cm, les dortoirs, les centres des générateurs et de transmission, le mess des officiers, etc.

L'entrée de la Grotte aux fées se situe a flanc de côteau au-dessus du château de St-Maurice. Cette merveille de la nature a été mise en valeur en 1863. Un chemin éclairé d'environ 500 mètres conduit à un lac souterrain, doté d'une cascade de 77 mètres. Il semble que des fées aient parfois accompagné les visiteurs jusqu'à la sortie … Le «pass 4 en 1» donne accès aux quatre sites à un prix avantageux. Il n'est pas nécessaire de tout visiter en un seul jour, ce billet combiné étant valable deux ans.

Das Tropenerlebnis bei jedem Wetter

Im Tropenparadies Papiliorama fliegen rund 1000 Schmetterlinge aus allen Tropenregionen der Welt in einem üppigen grünen Garten frei um die Besucher herum. Auf den Pflanzen können Eier und Raupen und im Schlupfkasten die Puppen der rund 70 Schmetterlingsarten entdeckt werden. Eine besondere Attraktion sind die blitzschnellen Kolibris, welche ständig auf Nektarsuche sind und den Besuchern bereitwillig ihr Flugtalent demonstrieren. Die zahlreichen Wasserläufe und Weiher im Dom sind mit verschiedensten Fischarten bevölkert.

Das Nachthaus Nocturama wurde inspiriert vom 11 000 Hektaren grossen Naturreservat Shipstern in Belize, Zentralamerika, welches von der Schwesterstiftung des Papioramas, dem ITCF, gegründet wurde. Nachtaktive Tiere der Wälder des tropischen Amerikas wie Faultiere, Wickelbären oder Ozelots können durch geschickte Umkehrung des Tages- und Nachtzyklus in einer Vollmondnachtatmosphäre bei ihren nächtlichen Streifzügen beobachtet werden.

Les tropiques par n'importe quel temps!

Le paradis tropical du Papiliorama abrite quelques 1000 papillons issus de toutes les régions tropicales du monde, virevoltant en toute liberté dans un jardin luxuriant. Sur les plantes, le visiteur peut découvrir œufs et chenilles, alors qu'une vitrine présente les chrysalides de près de 70 espèces de papillons. Les colibris, butinant le nectar des fleurs, fascinent les visiteurs par leurs incroyables manœuvres aériennes. Les ruisseaux et bassins abritent différentes espèces de poissons.

Le Nocturama a été largement inspiré des forêts de Shipstern, la réserve naturelle du Papiliorama au Belize (Amérique centrale), qui protège plus de 110 km^2 de nature tropicale. Le visiteur y rencontrera des animaux nocturnes comme les paresseux, les kinkajous ou les ocelots, observables en plein jour dans une ambiance de clair de lune grâce à l'inversion des cycles du jour et de la nuit.

Mehr als 70 Schmetterlingsarten – im Bild ein Danaus plexippus – faszinieren die Besucher.
Plus de 70 espèces de papillons tropicaux – à l'image d'un Monarque – fascineront les visiteurs.

Eintauchen in die Wunderwelt der tropischen Natur: In den Papiliorama Swiss Tropical Gardens in Kerzers FR ist das jederzeit möglich, auch im tiefsten Winter. Oben: Äffchen «Anne» – unten: eine Atlasraupe.

Plonger dans l'univers merveilleux de la nature tropicale, c'est possible tous les jours au Papiliorama de Kerzers (FR), même en plein hiver!
Haut: Singe de nuit – bas: Chenille de l'Atlas.

I N F O

Anreise / Trajet
Mit der S5 von Bern direkt bis Haltestelle Kerzers-Papiliorama.
Mit dem Auto: Autobahn Bern–Neuchâtel bis Kerzers, weiter Richtung Lyss bis zum Papiliorama. Parkplätze vor dem Haus.

Train de Neuchâtel, Berne ou Payerne, station Kerzers-Papiliorama. En voiture: autoroute Berne–Neuchâtel sortie Kerzers, direction Lyss jusqu'au Papiliorama. Parking devant l'entrée.

Kursbuchfeld / Indicateur pos. 305.1.

Geöffnet / Ouverture
Täglich ausser 25.12. und 1.1.; im Sommer von 9 bis 18 Uhr, im Winter von 10 bis 17 Uhr.

Tous les jours sauf le 25.12. et le 1.1.; durant l'heure d'été de 9h à 18h, durant l'heure d'hiver de 10h à 17h.

Verpflegung / Boire et manger
Für das leibliche Wohl ist in der Tukan-Bar, der hauseigenen Cafeteria, gesorgt. Durch die zahlreichen Grünpflanzen und die angrenzende Voliere kann hier in einem veritablen Dschungel gepicknickt werden.

Le Toucan-Bar, la cafétéria du Papiliorama, est à la disposition des visiteurs pour un pique-nique tropical dans une jungle de plantes vertes.

Weitere Auskünfte / Renseignements
Papiliorama Swiss Tropical Gardens
Moosmatte, 3210 Kerzers
Tel. 031 756 04 61
www.papiliorama.ch

Vom Training bis zum Grand Prix

Rennatmosphäre liegt in der Luft. Schon wenn wir die riesige Halle mit der Tribüne und der Rennpiste in Muntelier am Murtensee betreten, fühlen wir uns wie Schumi & Co. Spätestens wenn wir im Overall und unter dem Helm stecken, ist das Feeling perfekt.

Maximal 18 Kartpiloten werden ins Rennen geschickt. Einzelfahrten zu 10 Minuten sind ab 15 Franken erhältlich (Preis 2006). Besonders beliebt sind die Gruppenrennen, welche ab 8 Teilnehmern durchgeführt werden (Mindestalter 14 Jahre). Für Kids stehen total 19 Kinder-/Jugendkarts zur Verfügung. Aus Sicherheitsgründen dürfen Kinder und Jugendliche nur unter sich am Mittwoch (14.00– 17.00 Uhr) und am Sonntag (10.00–13.00 Uhr) fahren. Wenn es der Kundenumfang erlaubt, sind aber auch familieninterne Fahrten möglich (Eltern und Kinder). Es ist empfehlenswert frühzeitig zu reservieren, weil das Interesse an der Kartbahn gross ist.

De l'entraînement au Grand Prix

Une atmosphère de course automobile hante les lieux. Rien qu'en pénétrant dans la vaste halle abritant tribunes et piste de course, située à Muntelier au bord du lac de Morat, une sensation étrange nous envahit – nous nous sentons comme Schumi et ses rivaux. Revêtus d'une combinaison et d'un casque, nous voici de vrais pilotes.

Un maximum de 18 pilotes tourne sur la piste. Le prix par course de 10 minutes est de 15 francs (prix 2006). Les courses en groupe, organisées dès 8 participants (âge minimal 14 ans), sont une expérience particulière. Pour les plus jeunes, un total de 19 karts d'enfants/ adolescents est à disposition. Sécurité oblige, les enfants et les adolescents ne peuvent que rivaliser entre eux, le mercredi (14h00 – 17h00) ou le dimanche (10h00 – 13h00). Lorsque le nombre de clients n'est pas trop important, il est également possible de se lancer dans une course en famille (parents et enfants). Il est recommandé de réserver à temps, car l'engouement pour cette piste est très grand.

Keine Elektrokarts, sondern echte Boliden mit 200 ccm und Katalysator (Marke Sodikart France).
Des karts à moteur de 200 ccm dotés de catalyseurs (marque Sodikart, France).

Oben: Eine Rennstrecke, die es in sich hat – hier kommen sowohl Anfänger als auch Könner auf ihre Kosten.
Haut: Une piste de course passionnante – débutants et pilotes expérimentés seront séduits.

Unten: Letzte Teambesprechung vor dem Start – besonders beliebt auch bei Gruppen und Firmenausflügen.
Bas: Dernière consultation d'équipe avant le départ – une expérience prisée en groupe et en famille.

I N F O

Anreise / Trajet
Die Haltestelle Muntelier-Löwenberg am Murtensee erreichen wir von Bern mit der S-Bahn, von Neuchâtel und Fribourg mit dem Regionalzug. Von der Haltestelle ca. 15 Minuten zu Fuss auf der Hauptstrasse. Mit dem Auto Ausfahrt Murten (A1), weiter Richtung Neuchâtel, nach dem Bahnübergang links in die Hauptstrasse.

La station Muntelier-Löwenberg au bord du lac de Morat est accessible en S-Bahn au départ de Berne et en train régional depuis Neuchâtel et Fribourg En voiture: sortie A1 Morat, puis direction Neuchâtel, prendre à gauche après le passage à niveau.

Kursbuchfelder / Indicateur pos. 255, 305.2.

Geöffnet / Ouverture
Je nach Wochentag unterschiedlich, genaue Zeiten im Internet.

Variable en fonction du jour de la semaine, consulter l'Internet.

Idealalter / Âge idéal
Ab 7 Jahre und 115 cm Körpergrösse Kinderkarts, ab 130 cm Jugendkarts.

Karts d'enfants, dès 7 ans et grand. min. 115 cm; dès 130 cm, karts pour ados.

Verpflegung / Boire et manger
Restaurant Expodrom.

Weitere Auskünfte / Renseignements
Expodrom Event AG
Hauptstrasse 171, 3286 Muntelier
Tel. 026 672 94 80
www.expodrom.ch

Museum für Kommunikation

(Fast) alles rund um die Kommunikation, dazu eine Menge Spass und bleibende Erlebnisse für die ganze Familie: Das bietet das Museum für Kommunikation. Als einziges Museum in der Schweiz widmet es sich exklusiv und interaktiv der Geschichte der Kommunikation. Der Bogen reicht von der Körpersprache über den Dialog der Kulturen bis zum Austausch von Informationen mittels alter und neuer Medien: Post und Telekommunikation, Radio und Fernsehen, Computer und Internet. Die drei Dauerausstellungen «Abenteuer Kommunikation», «As time goes byte» und «Philatelie» erzählen spannende Geschichten über unseren Umgang mit der Kommunikation. Verblüffende interaktive Installationen mit virtuellen Szenen und unterhaltsame Spiele regen zur Kommunikation und Begegnung an. Das Museum stellt den Menschen mitsamt den Themen, die uns am Anfang des neuen Jahrtausends beschäftigen, in den Mittelpunkt.

Die Dauerausstellung «Abenteuer Kommunikation» ist ein interaktiver Rundgang, der für jedes Alter etwas zu bieten hat: unterhaltsam, anregend, informativ und sinnlich. Mit Licht und Farbe inszeniert, entfalten die vielen Beispiele aus der Wunderkammer des Museums ihre Reize. Bilder und Töne überlagern und verflechten sich. Ob Sie in einer Art Dialogwerkstatt Ihr Gespräch freundlich gestalten oder auf Grund laufen lassen, oder ob Sie anhand der Feedback-Stationen Ihrem ganz persönlichen Kommunikationstyp nachspüren: Das Museum bietet immer wieder Gelegenheit, das eigene Kommunikationsverhalten zu prüfen. Wer sich Zeit nimmt, zu entdecken und zu forschen, hat auch dazu ausgiebig Gelegenheit. Die vielen Schubladen, Schieber und Hörstationen laden ein, sich in die Geschichte der Kommunikation zu vertiefen. Vielleicht sogar darin zu versinken …

Das Museum für Kommunikation bietet für alle Alters-
gruppen unterhaltsame Stunden.
Le musée de la communication offre une visite divertissante à tous les groupes d'âge.

Oben: Entdeckungsreise durch die Welt der Kommunikation, zum Beispiel «Telefonie – Ganz Ohr».
Haut: Voyage découverte à travers le monde de la
communication, tous les aspects y sont traités.

Unten: In diesem Minikino läuft gleich der 6-minütige
Film «Antoine der Postbote».
Bas: Ce mini-cinéma présente un film de 6 minutes rela-
tant l'histoire d'un facteur.

I N F O

Anreise / Trajet
Direkt mit dem Intercity oder Inter-
Regio nach Bern. Vom Bahnhof Bern
mit dem Tram Nr. 3 (Richtung Saali)
oder Nr. 5 (Richtung Ostring) bis
Helvetiaplatz. Mit dem Auto: Ausfahrt
Bern Ostring, Richtung Thunplatz, wei-
ter bis Helvetiaplatz.

Intercity ou InterRegio direction Berne.
De la gare de Berne, tramway no 3
(direction Saali) ou no 5 (direction
Ostring) jusqu'à la place Helvetiaplatz.
En voiture: sortie Berne Ostring, puis
direction Thunplatz et Helvetiaplatz.

Kursbuchfelder / Indicateur pos. 250,
300, 450, 460.

Geöffnet / Ouverture
Täglich ausser Montag von 10.00 bis
17.00 Uhr.

Tous les jours sauf le lundi de 10h00 à
17h00.

Idealalter / Âge idéal
Ab ca. 6 Jahren.
Enfants dès 6 ans env.

Zeitaufwand / Durée
Eine bis drei Stunden.
Une à trois heures.

Verpflegung /
Boire et manger
Café Pavillon im Haus.

Weitere Auskünfte /
Renseignements
Museum für Kommunikation
Helvetiastrasse 16, 3000 Bern 6
Tel. 031 357 55 55
communication@mfk.ch
www.mfk.ch

P S

As time goes byte

Als einziges Museum in der Schweiz widmet das Museum für Kommunikation der Geschichte des Computers eine eigene permanente Ausstellung (Eröffnung: Mai 2007). «As time goes byte» zeigt auf ebenso spannende wie unterhaltsame Weise, wie sich der Computer in den letzten 50 Jahren zum alles dominierenden Medium entwickelt hat. Auf einer Zeitreise erleben Sie die wichtigsten Stationen der digitalen Revolution, die unsere Welt grundlegend verändert hat. Heute durchdringen digitale Technologien alle Bereiche unseres Alltags, sie sind allgegenwärtig, übernehmen immer neue Aufgaben und stellen uns gleichzeitig vor immer neue Fragen. «As time goes byte» zeigt die Highlights dieser Entwicklung.

As time goes byte

Le musée de la Communication, seul musée de Suisse à vouer une exposition permanente à l'histoire de l'ordinateur (ouverture mai 2007), ouvre son exposition «As time goes byte». Différentes stations évoquent la révolution digitale, qui a transformé notre univers. Les technologies digitales percent aujourd'hui tous les secteurs de notre vie quotidienne, ils sont partout et prennent en charge de plus en plus de tâches nouvelles, amenant avec eux toujours plus de questions. «As time goes byte» présente les temps forts de cette évolution.

Oben: Das Museum für Kommunikation ist seit Langem für seine interaktiven Ausstellungen bekannt.
Haut: Le musée de la communication est réputé depuis longtemps pour ses expositions interactives.

Unten: Die Dauerausstellung «Abenteuer Kommunikation» bietet ein abwechslungsreiches Erlebnis.
Bas: L'exposition permanente «Aventure communication» constitue une expérience intéressante.

Musée de la communication

Nous y découvrons (presque) tout ce qui touche à la communication, plaisir et aventures pour toute la famille, en prime. Il est le seul musée de Suisse à se vouer exclusivement et de manière interactive à l'histoire de la communication. Son offre s'étend de la communication gestuelle au dialogue des cultures, en passant par l'échange d'informations au moyen de supports d'informations anciens et nouveaux: poste et télécommunication, radio et télévision, ordinateur, Internet. Les trois expositions permanentes «Aventure communication», «As time goes byte» et «Philatélie» racontent l'histoire fascinante de notre relation avec la télécommunication. Des installations interactives fantastiques, dotées de scènes virtuelles et de jeux intéressants convient à la communication et au mouvement. Le musée met l'homme au centre de thèmes actuels de notre époque.

L'exposition permanente «Aventure communication» forme un circuit, adapté aux petits et grands. Distrayant, informatif et sensoriel. Mis en scène en lumières et couleurs, de nombreux exemples agrémentent l'exposition. Des images et des sons se superposent et se soutiennent. Un atelier du dialogue nous permet de créer un entretien sympathique ou emporté, une station de feedback nous invite à capter notre type de communication personnel. Le musée permet donc d'examiner sont propre comportement communicatif. De nombreux tiroirs, manettes et stations auditives nous convient à nous plonger dans l'histoire de la communication. Ou même peut-être de nous y immerger …

Dioramen, Knochen, Meteoriten

Mit seiner Dioramenschau ist das Naturhistorische Museum Bern in Mitteleuropa einmalig und zählt zu den drei bedeutendsten Naturmuseen der Schweiz. Seine grösste Attraktion sind wohl die über 220 Dioramen, welche einheimische, afrikanische und nordische Säugetiere und Vögel in ihrer natürlichen Umgebung zeigen. Die grossartige Kollektion von Mineralien aus dem Alpenraum – präsentiert wie in einer Schatzhöhle – gehört zum Besten, was die Museen weltweit zu bieten haben, und lässt die Besucherherzen höherschlagen. Goldproben von allen Fundstellen der Schweiz und eine Sammlung von Meteoriten bilden einen weiteren Höhepunkt der geologischen Ausstellung. Daneben gibts viele weitere Publikumsmagnete wie «Barry – mehr als nur ein Hundeleben», «Skelette – die grosse Knochenschau», «Tiere in der Stadt – Anpasser und Alleskönner», «Käfer & Co – die bunte Welt der wirbellosen Tiere» oder «Haarsträubend – Tier, Mensch, Kommunikation».

Dioramas, ossements et météorites

Le musée d'histoire naturelle de Berne est, grâce à ses dioramas, un musée d'exception à l'échelon européen et il compte, en Suisse, parmi les trois principaux musées d'histoire naturelle. Son attraction principale est constituée de 220 dioramas, montrant des animaux et oiseaux indigènes, africains et nordiques dans leur environnement naturel. L'importante collection de minéraux alpins, présentée sous la forme d'une caverne à trésor, fait partie des plus belles pièces d'exposition au monde. Des échantillons d'or de tous les sites de Suisse et une collection de météorites sont d'autres points forts de la partie géologique.

Nous découvrons en outre les expositions attrayantes «Barry – plus qu'une simple vie de chien», «Squelettes – le grand jeu des ossements», «Les animaux en ville – ceux qui s'adaptent et les omniscients», «coléoptères & Co – l'univers coloré des invertébrés» ou «Inouï – animaux, humains, communication».

Publikumsliebling Nr. 1 ist nach wie vor das Original von «Barry» – dem berühmten Bernhardinerhund.
Le chouchou du public – le célèbre chien St-Bernard «Barry», en copie conforme.

Oben: In den naturnah nachgebauten Dioramen finden wir auch den Kauz, einen heimischen Waldbewohner.
Haut: Les dioramas très réalistes présentent par exemple une hulotte indigène, vivant dans nos forêts.

Unten: Erstaunliches und Grossartiges aus der Knochenwelt wird inszeniert und ins Rampenlicht gerückt.
Bas: Découvertes surprenantes et fantastiques sur les ossements, mises en scène de façon insolite.

INFO

Anreise / Trajet
Vom Hauptbahnhof in Bern, Ausgang Bubenbergplatz, mit dem Tram Nr. 3 Richtung Saali bis Helvetiaplatz fahren, von dort aus 10 Gehminuten bis zur Bernastrasse 15.

Gare de Berne, sortie Bubenbergplatz. Puis tramway no 3 direction Saali jusqu'à la place Helvetiaplatz. De là, 10 min. à pied nous séparent de la rue Bernastrasse 15.

Geöffnet / Ouverture
Das ganze Jahr, am Montag, 14.00–17.00 Uhr, Dienstag, Donnerstag, Freitag, 9.00–17.00 Uhr, am Mittwoch, 9.00–18.00 Uhr, am Wochenende, 10.00–17.00 Uhr.

Toute l'année, le lundi de 14h00 à 17h00, les mardis, jeudis et vendredis de 9h00 à 17h00 et le mercredi de 9h00 à 18h00. Le week-end, de 10h00 à 17h00.

Idealalter / Âge idéal
Ab ca. 5 Jahren.
Enfants dès 5 ans env.

Zeitaufwand / Durée
Bis 2 Stunden oder länger.
Deux heures ou plus.

Besonderes / Particularités
Entdeckerecke, Kindergeburtstage, öffentliche Führungen, Zebraträff (Workshop für Kinder).

Coin des découvertes, anniversaires d'enfants, visites publiques, ateliers pour enfants («Zebraträff»).

Weitere Auskünfte / Renseignements
Naturhistorisches Museum
Bernastrasse 15, 3005 Bern
Tel. 031 350 71 11
www.nmbe.ch

Im Erfahrungsfeld der Sinne

Das Sensorium im Rüttihubelbad ist ein Erfahrungsfeld der Sinne, gestaltet nach den Ideen des deutschen Philosophen, Künstlers und Pädagogen Hugo Kükelhaus (1900–1984). Rund 40 Erlebnisstationen laden zum Bestaunen, Begreifen, Betasten und Bespielen ein. Erzeugen und beobachten Sie Phänomene der Formgebung, des Rhythmus, des Gleichgewichts und viele andere mehr. Ein spannender und anregender Erkundungsgang führt Sie durch das Reich der Sinne und bringt Sie hautnah mit den Gesetzen der Natur und des Lebens in Berührung. Entdecken ist hier ausdrücklich erwünscht: Alles darf, ja soll angefasst und ausprobiert werden

Das Sensorium – ein anregendes Erlebnis für Schulklassen aller Altersstufen, Firmen, Vereine und Familien, welche ihre Sinne, «unsere Tore zur Welt und zum Leben», neu entdecken möchten.

L'expérience des sens

Le Sensorium de Rüttihubelbad est un véritable terrain d'expérimentation des sens, aménagé sur l'idée du philosophe allemand, artiste et pédagogue Hugo Kükelhaus (1900–1984). Quelque 40 stations d'expérimentation invitent à l'admiration, à l'étonnement, à la compréhension, au toucher et au jeu. Créez et observez des phénomènes tels que le rythme, l'équilibre ou la naissance des formes. Un circuit de découverte intéressant et excitant vous conduit à travers le royaume des sens et vous met en contact direct avec des lois de la nature et de la vie.

Découvrir est la devise de ce lieu hors du commun. Tout peut être touché, expérimenté.

Le Sensorium – une aventure excitante pour les classes d'école de tous les âges et pour les entreprises, clubs et familles qui souhaitent redécouvrir leurs sens, «notre portail vers le monde et la vie».

I N F O

*Farbige Schatten? Im Farbenraum kann man erleben,
wie aus weissem Licht Farbe wird.
Des ombres de couleur ? Dans la chambre des couleurs,
on observe comment la lumière blanche peut se colorer.*

*Oben: Nur mit Konzentration und Gefühl können wir
den Gong nicht nur laut, sondern schön ertönen lassen.
Ci-dessus: Concentration et doigté sont indispensables
pour que le gong vibre «chante».*

*Unten: Wenn wir bei Tageslicht durchs Prisma schauen,
sehen wir Gelb, Rot, Grün, Blau, Violett und Purpur.
Ci-dessous: En regardant à travers le prisme à la lumière
du jour, on voit le violet, l'indigo, le bleu, le vert …*

Anreise / Trajet
*Ab Bern mit der Regionalbahn RBS bis
Worb Dorf, weiter mit dem Postauto
(Linie 791, Richtung Walkringen) direkt
zum Rüttihubelbad.*

*De Berne en train régional RBS
jusqu'à Worb Dorf, puis car postal
(ligne 791 direction Walkringen)
jusqu'à Rüttihubelbad.*

*Kursbuchfelder / Indicateur pos. 307,
430, 300.791.*

Geöffnet / Ouverture
*Dienstag bis Freitag, 9.00–17.30 Uhr,
Samstag und Sonntag, 10.00–17.30
Uhr, Montag geschlossen.*

*Du mardi au vendredi 9h00 à 17h30,
le samedi et le dimanche de 10h00 à
17h30.*

Idealalter / Âge idéal
*Ab ca. 4–6 Jahren.
Enfants dès 4–6 ans env.*

Zeitaufwand / Durée
*Zwei bis fünf Stunden.
De 2 à 5 heures.*

Verpflegung /
Boire et manger
*Picknick erlaubt, Bistro und Restaurant
vorhanden.*

*Pique-nique autorisé, bistro et restau-
rant.*

Weitere Auskünfte /
Renseignements
*Sensorium, Rüttihubelbad
Tel. 031 700 85 85
www.sensorium.ch*

Das Sensorium ist rollstuhlgängig!

*Le Sensorium est accessible en fauteuil
roulant!*

Im Land der tausend «Höger u Chräche»

Die Emme verlieh der Region den Namen, der Käse die weltweite Bekanntheit. Auch bei Regenwetter lohnt sich ein Ausflug ins Land der tausend «Höger u Chräche». Hier unsere Top-Tipps: **Emmentaler Schaukäserei** – Sie erleben mehrmals täglich anschaulich und hautnah, wie der «Weltstar vom Lande» hergestellt wird; mit frischer Milch aus einer natürlichen und intakten Umgebung. **Museum Franz Gertsch** – Franz Gertsch zählt zu den bedeutendsten Schweizer Künstlern der Gegenwart. Die Sammlung stellt lückenlos das Gesamtwerk von Franz Gertsch seit 1987 dar. **Forum Sumiswald** – Unter einem Dach finden Sie vielfältige Möglichkeiten für Spiel, Sport und Spass. Nicht nur Schwimmer kommen im Hallenbad auf ihre Rechnung. Gerne erholt man sich im Whirlpool oder in der weitläufigen Saunalandschaft mit diversen Relax-Angeboten. **Plousch- und Erlaebniscenter** – Indoor-Minigolf mit 18 Bahnen und das Bowlingcenter im ehemaligen Käsekeller sind eine besondere Attraktion und garantieren für einen kurzweiligen Tag in Langnau.

Au pays des mille collines

L'Emme lui vaut son nom, un fromage lui offre sa réputation internationale. Même par temps de pluie, le «pays des mille collines» recèle plus d'un atout. Nos tuyaux: la fromagerie de démonstration de l'Emmental – nous y découvrons plusieurs fois par jour comment la «star internationale de la région» y est fabriquée, à partir du lait frais produit dans un environnement intact. Le musée Franz Gertsch – Franz Gertsch compte parmi les principaux artistes de la Suisse contemporaine. La collection dévoile l'entier de la production artistique de Franz Gertsch depuis 1987. Forum Sumiswald – un centre sportif qui rassemble sous un même toit de nombreuses possibilités en matière de jeux, de sport et d'amusement. La piscine répond aux attentes de tous, et pas uniquement des nageurs. Plousch- und Erlaebniscenter – minigolf indoor avec 18 trous et centre de bowling aménagés dans l'ancienne cave à fromage constituent une attraction particulière et sont garants d'une journée loin d'être ennuyeuse.

Die Emmentaler Schaukäserei in Affoltern zeigt die Käseproduktion von 1741 bis heute.
Depuis 1741, la fromagerie de démonstration présente la fabrication du fromage.

Oben: Im Forum Sumiswald kann man an der Kletterwand Kondition und Können trainieren.
Haut: Le mur de grimpe du Forum Sumiswald permet d'entraîner condition et adresse.

Unten: Das Schloss Trachselwald kann auf einer geführten Besichtigung erkundet werden.
Bas: Le château de Trachselwald propose des visites guidées passionnantes.

I N F O

Anreise / Trajet

Das weit verzweigte Bahn- und Busnetz bietet optimale Verbindungen. Schnellzüge halten in Burgdorf, Konolfingen und Langnau, wo Anschlüsse auf Regionalzüge und Busse bestehen. Mit dem Auto erreichen Sie das Emmental via A1 (Ausfahrt Kirchberg), via A2 (Ausfahrten Dagmersellen und Sursee) und via A6 (Ausfahrten Worb, Rubigen, Münsingen und Kiesen).

Un réseau de trains et bus étendu offre des liaisons optimales. Les trains directs font halte à Berthoud (Burgdorf), Konolfingen et Langnau, où des liaisons avec les trains régionaux et les bus sont prévues. En voiture, nous atteignons l'Emmental par l'A1 (sortie Kirchberg).

Gruppenangebote / Offres pour groupes

Emmental Tours AG organisiert Ihren Gruppen-, Firmen- oder Vereinsausflug: Bauernhof-Olympiade, Rösslifahrt, Selberkäsen, Bierbrauen, Emmentaler Handwerk und Plausch-Hornussen sind nur einige Leckerbissen aus dem vielfältigen Angebot.

Emmental Tours AG organise pour les groupes, les entreprises et les sorties de club différentes excusions: olympiades fermières, balades en calèche, production de fromage ou de bière, artisanat et jeu de hornussen en sont quelques exemples.
Tel. 034 431 21 61
www.emmental-tours.ch

Weitere Auskünfte / Renseignements

Tourist Office Emmental
Bahnhofstrasse 44, 3401 Burgdorf
Tel. 034 424 50 65
www.emmental.ch

Einmal ein Ritter oder Burgfräulein sein?

Ende des 12. Jahrhunderts errichtete der zähringische Herzog Berchtold V. auf einem Sandsteinfelsen hoch über der Emme eine Burg, welche heute neben zwei anderen Museen das Schlossmuseum beherbergt. Dieses vermittelt eine Entdeckungsreise durch die Geschichte der Stadt und der Region Burgdorf.

Im Bergfried befindet sich neben dem alten Gefängnis mit einigen Folterwerkzeugen auch die alte Turmuhr. In einem Nebenraum des Bergfrieds ist eine Waffenkammer eingerichtet. Hier stehen den jungen Besuchern und Besucherinnen ein Ritterhelm und ein Kettenhemd oder ein Kleid eines Burgfräuleins zum Anprobieren zur Verfügung. Im zweiten Stock des Palas befindet sich das Prunkstück des Schlosses: der Rittersaal, ein spätromanischer Wohnraum mit danebenliegender Burgkapelle. Hier residierten vor 800 Jahren die Herzöge von Zähringen und später die Kyburger Grafen mit ihrem Gefolge. Wer sich für Archäologie interessiert, kommt im Geschoss darüber auf seine Rechnung.

Devenir chevalier ou damoiselle d'un jour

Le duc de Zähringen Berchtold V a érigé ce château sur une falaise de grès surplombant l'Emme. Il abrite aujourd'hui 3 musées, dont le musée du château. Ce dernier offre un vaste aperçu de l'histoire de la ville et de la région de Berthoud. Le donjon présente l'ancienne horloge, ainsi qu'une prison dotée de quelques instruments de torture. Une salle d'armes a été aménagée dans la pièce contiguë. Les jeunes visiteurs peuvent essayer un casque de chevalier et une cotte de maille ou une robe de damoiselle. Le deuxième étage du palas abrite la pièce maîtresse du château: la salle des chevaliers – un beau salon d'architecture romane – ainsi que la chapelle du château, située juste à côté. Il y a 800 ans, ces lieux étaient la résidence des ducs de Zähringen et plus tard, celle des contes de Kyburg et de leur descendance. Les amateurs d'archéologie apprécieront la visite du parterre.

Das Schloss Burgdorf gilt als grösste und am besten erhaltene zähringische Burganlage.
Le château de Berthoud est considéré comme étant le plus grand château des Zähringen.

Oben: Die alte Landschreiberei im historischen Museum, welches grosse Teile der Burganlage beansprucht.
Haut: L'ancienne administration tient une place importante dans ce musée d'histoire.

Unten: Wehrhafte Burg – im Torturm können alte Kanonen bestaunt werden.
Bas: Un château bien défendu – des canons sont exposés dans l'une des tours.

Schlossmuseum – Helvetisches Goldmuseum – Museum für Völkerkunde Burgdorf

INFO

Anreise / Trajet
Burgdorf erreicht man mit der Bahn oder über die Autobahn A1 (Ausfahrt Kirchberg). Der Weg zum Schloss und ins Parkhaus (1. Stunde gratis) sind markiert.

Berthoud est accessible en train ou par l'autoroute A1 (sortie Kirchberg). Le chemin d'accès au château et son parking sont indiqués.

Kursbuchfelder / Indicateur pos. 450, 304.1, 304.2.

Geöffnet / Ouverture
April bis Oktober von Montag bis Samstag, 14.00–17.00 Uhr, Sonntag, 11.00–17.00 Uhr, November bis März am Sonntag, 11.00–17.00 Uhr.

D'avril à octobre du lundi au samedi de 14h00 à 17h00, le dimanche de 11h00 à 17h00, de novembre à mars le dimanche de 11h00 à 17h00.

Idealalter / Âge idéal
Ab ca. 5 Jahren.
Enfants dès 5 ans env.

Verpflegung / Boire et manger
Restaurant in der Stadt Burgdorf.
Restaurants en ville.

Weitere Auskünfte / Renseignements
insbesondere zu den regelmässigen Sonderausstellungen der Museen:
Museen Schloss Burgdorf
Postfach 153, 3402 Burgdorf
Tel. 034 423 02 14
www.kulturschloss.ch
www.helvetisches-goldmuseum.ch

Auf zu den Goldsuchern

Ein ganz besonderes Museum befindet sich im ehemaligen Verlies im Bergfried des Schlosses Burgdorf. Das Helvetische Goldmuseum zeigt den Besuchern auf zwei Stockwerken den strahlenden Glanz und die Schönheit des Goldes anhand zahlreicher Goldstufen, Goldnuggets und Waschgoldproben aus den Alpen und verschiedenen Schweizer Bächen.

Es dokumentiert die Geschichte der Goldwäscherei in der Schweiz von den Kelten bis heute. Es zeigt aber auch die Entstehung des Goldes und die Bildung von Goldlagerstätten. Anhand der ehemaligen Goldbergwerke «Goldene Sonne» am Calanda in Graubünden, Gondo und Salanfe im Wallis sowie Sessa/Astano im Tessin werden die Goldvorkommen in den Schweizer Alpen vorgestellt. Im Herbst 2000 wurde im Val Sumvitg, Graubünden, ein Berggoldvorkommen entdeckt, das bisher in der Schweiz als einzigartig gilt. Der Fund umfasst 1,4 Kilogramm flechtenartiges Gold in einer Quarzader. Ein Stück dieses Fundes ist auch im Helvetischen Goldmuseum zu sehen.

Les chercheurs d'or

Un musée tout particulier est aménagé dans les anciennes oubliettes du donjon du château de Berthoud. Le Musée helvétique de l'or expose sur deux étages la brillance étincelante et la beauté de l'or, au moyen de nombreux échantillons d'or issus des Alpes et de différents ruisseaux suisses, présentés sous forme de feuilles, paillettes ou grains.

Il documente l'histoire de l'orpaillage en Suisse, de l'époque celte à nos jours. Il explique également comment l'or se forme. Les gisements d'or des Alpes suisses sont représentés par l'ancienne mine d'or de Calanda dans les Grisons nommée «le soleil d'or», Gondo et Salanfe en Valais ainsi que Sessa/Astano au Tessin. En automne 2000 une découverte exceptionnelle a été faite dans le Val Sumvitg dans les Grisons, près de 1,4 kilogramme d'or enfermé dans un bloc de quartz. Un échantillon de cette découverte est exposé au Musée helvétique de l'or.

Strahlender Glanz von Goldflittern aus der Grossen Fontanne hinter den zwei Meter dicken Burgmauern.
Brillance étincelante des pépites d'or exposées derrière les murs épais du château de Berthoud.

Oben: Im ehemaligen Verlies im Bergfried des Schlosses Burgdorf finden Sie das Helvetische Goldmuseum.
Haut: Le Musée helvétique de l'or se situe dans les anciennes oubliettes du château.

Unten: Goldstufe vom grössten Goldfund in der Schweiz, aus dem Val Sumvitg.
Bas: Echantillon de la plus grande découverte d'or de Suisse, dans le Val Sumvitg.

P S

Gold in der Schweiz

Gold ist in der Schweiz, wenn auch nur in kleinen Mengen, an verschiedenen Orten vorhanden. In zahlreichen Bächen des Mittellandes, von Genf bis zum Bodensee, kann Waschgold in Form kleiner Flitterchen gefunden werden. Das grösste je in der Schweiz gefundene Goldnugget wiegt 123 Gramm und stammt aus dem Vorderrhein bei Disentis.

Wer ohne Schaufel und Gummistiefel auf Goldsuche gehen möchte, kann dies im Goldmuseum versuchen. Eine Goldwaschpfanne und ein grosser Wassertrog stehen vor dem Museum zur Verfügung. An der Kasse kann mit Gold versetzter Kiessand gekauft werden. Wer Glück und etwas Geduld hat, geht mit selber gewaschenem Gold nach Hause.

L'or en Suisse

De l'or se trouve en Suisse à différents endroits, dans des quantités certes modestes. Dans de nombreuses rivières du plateau, de Genève au lac de Constance, de l'or peut être trouvé sous forme de petits éclats. La pépite la plus grande découverte en Suisse, pèse 123 grammes et provient du Vorderrhein près de Disentis.
Celui qui désire aller chercher de l'or sans se munir de pelle et de bottes peut tenter sa chance au musée. Tout le matériel nécessaire pour laver de l'or est à disposition devant l'entrée. Du sable contenant de l'or est en vente à la caisse. Celui qui a de la chance et un peu de patience, rentrera chez lui avec de l'or trouvé de ses mains.

Eine kleine Reise um die Welt

Eine kleine Reise um die Welt bietet das Museum für Völkerkunde im Schloss Burgdorf. Dabei werden einige ausgewählte Kulturen aus verschiedenen Weltregionen vorgestellt. Die gezeigten Gegenstände wie etwa Ahnenfiguren, Federschmuck, Masken oder Mumien geben einen Einblick in das vielfältige und kunstvolle Schaffen anderer Völker. Mittels Informationstafeln werden sowohl die historischen Zusammenhänge als auch die auf den ersten Blick fremd anmutenden Bräuche erläutert und verständlich gemacht.

Die Besucher und Besucherinnen haben die Möglichkeit, auf einer grossen Powwow-Trommel der nordamerikanischen Indianer zu spielen und verschiedene afrikanische Instrumente selbst auszuprobieren. Daneben können sie sich auch im Weben an einem afrikanischen Webstuhl versuchen.

Im Weiteren zeigt das Museum für Völkerkunde jedes Jahr eine Sonderausstellung mit wechselnden Themen.

Un petit voyage autour du monde

Le musée des peuples du château de Berthoud propose un petit voyage autour du monde. Quelques cultures choisies, issues de différentes régions du monde y sont représentées. Les objets exposés, tels que les figurines, les parues en plumes, les masques ou les momies donnent un aperçu de la diversité et de l'art que recèlent les cultures d'autres peuples. Des panneaux d'information expliquent les relations historiques ainsi que les coutumes. Ce qui semble étrange au premier abord devient palpable.

Les visiteurs peuvent jouer à l'Indien nord-américain sur un grand tambour Powwow et différents instruments africains sont mis à disposition pour les essayer. Vous pourrez également travailler sur un métier à tisser africain.

En outre, le musée propose, chaque année, une exposition spéciale sur différents thèmes.

P S

Auf den Spuren von fremden Kulturen

Neben dem reichhaltigen Angebot für Schulen und Lehrkräfte bietet das Museum für Völkerkunde Burgdorf neu auch Führungen für Familien an: Unter der fachkundigen Anleitung des Museumspädagogen tauchen die Kinder und ihre Eltern gemeinsam ab in fremde Welten und Kulturen. Durch Beobachten, Suchen und aktives Forschen entdecken die Familien zusammen viel Spannendes. Alle Teilnehmerinnen und Teilnehmer erfahren so aktiv mehr über den Alltag, die Feste, die Bräuche und die Lebensformen von Völkern aus verschiedenen Erdteilen.

Zu näheren Informationen zu Durchführungsdaten und Kosten wenden Sie sich bitte an das Sekretariat oder direkt an den Museumspädagogen: Tel. 034 422 06 10 oder E-Mail mmordasini@bluewin.ch

Sur les traces de cultures étrangères

Outre son offre très vaste destinée aux écoliers et enseignants, le Musée des peuples de Berthoud offre également des visites guidées pour les familles: sous la conduite expérimentée du pédagogue du musée, les enfants et leurs parents plongent ensemble dans des univers et cultures étrangers. En observant, cherchant et examinant, les familles découvrent de nombreux aspects intéressants. Tous les participants en apprennent ainsi davantage sur le quotidien, les fêtes, les coutumes et habitudes de vie d'autres peuples issus de différentes parties du globe. Des informations plus précises concernant les visites guidées et les prix sont disponibles au secrétariat ou directement auprès du pédagogue du musée au no 034 422 06 10 ou par courriel à mmordasini@bluewin.ch.

In zweiten Stock des Nordtraktes erfahren wir mehr über fremde Völker wie die Indianer Nordamerikas.
Au second étage de la partie nord, nous découvrons de nombreuses cultures intéressantes.

Oben: Unter den Exponaten aus aller Welt sind auch einige Objekte aus Altägypten, darunter zwei Mumien.
Haut: Parmi les pièces d'exposition du monde entier, se trouvent aussi des objets égyptiens, dont deux momies.

Unten: Besucher können mit afrikanischen Instrumenten musizieren oder einen Webstuhl bedienen.
Bas: Les visiteurs peuvent faire de la musique avec des instruments africains ou essayer le métier à tisser.

Erlebnisse im Naturmuseum Solothurn

Das Naturmuseum Solothurn gilt als attraktives Familien-
museum, das uns auf unterhaltsame Weise unsere Tiere,
Pflanzen, Gesteine und Versteinerungen nahe bringt und
dafür international ausgezeichnet wurde.

Kleine und grosse Kinder dürfen den weichen Pelz eines echten
Bären oder das borstige Fell eines Wildschweins streicheln. Sie
können sich in den metergrossen Fussabdruck eines Dinosauriers
setzen, der hier vor 145 Millionen Jahren am warmen Strand des
Jurameers herumspazierte. Es gibt Videos, Spielmodelle und ein
neuartiges geologisches Aquaterrarium, in welchem eine moos-
bewachsene Quelltuffwand wächst. Die weltberühmten Dinofährten,
die versteinerten Solothurner Schildkröten und Seesterne vom
Weissenstein, die Ammoniten und Meereskrokodile erzählen die
Geschichte einer vergangenen Zeit, als es noch keine Menschen auf
der Erde gab.

Soleure et son musée d'histoire naturelle

Le musée d'histoire naturelle de Soleure est l'un des musées
familiaux les plus attrayants. Il nous présente en effet, de
manière ludique nos animaux, plantes, pierres et fossiles – et
il le fait si bien, qu'il a même reçu un prix récompensant ses quali-
tés.

Petits et grands peuvent caresser la douceur d'une véritable fourrure
d'ours ou toucher les poils rugueux d'un sanglier. Les visiteurs ont
l'occasion de s'asseoir dans une emprinte de dinosaure, laissée par
l'un d'eux il y a 145 millions d'années. Le musée présente des films
vidéo, des jeux et un aqua-terrarium géologique où se dresse un
mur de tuf recouvert de mousse. Les célèbres traces de dinosaures,
les tortues fossilisées de Soleure, les étoiles de mer du Weissenstein,
les ammonites et crocodiles de mer, évoquent l'histoire d'une ère
lointaine, où l'homme ne peuplait pas encore la terre.

INFO

Oben: Das Naturmuseum am Klosterplatz und eine
Dachsfamilie, die man in freier Natur nur selten sieht.
Haut: Le bâtiment du musée d'histoire naturelle et une
famille de blaireaux comme on en voit rarement.

Unten: Eine Ausstellung, die Interesse weckt – zum
Beispiel das Aquaterrarium oder der Kopf eines Dinos.
Bas: Une exposition qui éveille l'intérêt – l'aqua-
terrarium et une tête de dinosaure en font partie.

Anreise / Trajet
Solothurn liegt an der ICN-Strecke
Zürich–Genf. Vom Bahnhof ca. 5
Minuten über Fussgängerbrücke bis
zum Naturmuseum. Mit dem Auto
über die A5 bis Ausfahrt Solothurn-
Ost, weiter über die Luzernstrasse ins
Zentrum. Parkhaus Baseltor und ca. 3
Gehminuten um Kathedrale.

Soleure est située sur la ligne ICN
Zurich–Genève. De la gare, 5 minutes
de marche nous séparent du musée.
En voiture: A5, sortie Solothurn-Ost,
puis route Luzernstrasse jusqu'au centre. Parking Baseltor, puis 3 min. à
pied.

Kursbuchfeld / Indicateur pos. 410.

Geöffnet / Ouverture
Dienstag–Samstag, 14.00–17.00 Uhr,
Sonntag, 10.00–17.00 Uhr, Montag
geschlossen. Öffnungszeiten an Feiertagen: siehe Internet. Freier Eintritt.

Du mardi au samedi, de 14h00 à
17h00, le dimanche de 10h00 à
17h00. Fermé le lundi. Entrée libre.

Verpflegung /
Boire et manger
Restaurants in der Umgebung.
Restaurants aux environs.

Weitere Auskünfte /
Renseignements
Naturmuseum Solothurn
Klosterplatz 2, 4500 Solothurn
Tel. 032 622 78 21
www.naturmuseum-so.ch

Fussweg vom Bahnhof und Museum
sind rollstuhlgängig (reservierter
Parkplatz auf dem Klosterplatz).

Chemin depuis la gare et musée accessibles en fauteuil roulant (place de
parc réservée sur la place Klosterplatz).

Viel Interessantes hinter dicken Mauern

An imposanter Lage, an der engsten Stelle der Klus, hoch über dem Städtchen erhebt sich das Schloss Alt Falkenstein auf einem Felsvorsprung.

Um 1100 liess der Bischof von Basel an der strategisch wichtigen Strasse durch die Klus nach Basel den heutigen Westteil des Schlosses Alt Falkenstein erbauen. Im 13. Jahrhundert erweiterte Graf Rudolf von Nidau das Schloss um den heutigen Mitteltrakt und den Rundturm. 1402 verkaufte Hans II. von Falkenstein das Schloss und das Städtchen Klus für 3000 Gulden an die Stadt Solothurn. 1542 wurde das Schloss renoviert und erhielt sein heutiges Aussehen. Fortan sollte es als Sitz des Landschreibers dienen. 1798 wurde die Landschreiberei im Schloss aufgehoben. 1801 erwarb Johann Brunner senior das Schloss und wurde damit erster Privateigentümer von Alt-Falkenstein. 1821 kaufte Johann Meyer, Kupferschmied und Artilleriehauptmann von Aarau, das Schloss und legte eine Harnisch- und Waffensammlung an. 1835 wurde Carolina von Blarer neue Schlosseigentümerin. 1891 ersteigerte Niklaus Feigenwinter das Schloss. 1908 kaufte Alex Leonard Malström, Grossindustrieller und Gutsbesitzer aus Schweden, das Schloss mitsamt dem angeblichen Titel «Herr von und zu Falkenstein». Fünf Jahre später wurde durch einen Bundesgerichtsentscheid der Verkauf an Malström rückgängig gemacht. Die Erben Feigenwinter wurden wieder Eigentümer des Schlosses. 1923 schenkten sie das Schloss dem Kanton Solothurn, nachdem der Schlossturm eingestürzt war. In der Folge wurde die gesamte Anlage in den Jahren 1923–32 renoviert. 1929 konnte das Heimatmuseum Alt Falkenstein durch die «Museums-Gesellschaft Thal – Gäu» eröffnet werden. Hinter den dicken Schlossmauern kann heute viel Interessantes entdeckt werden, zum Beispiel die reiche Keramiksammlung aus der Biedermeierzeit, die seltene Kammsammlung, alte Kupfer- und Stahlstiche, Versteinerungen und archäologische Bodenfunde aus der Region – und natürlich die Wohnausstellung im Stil des 18. und 19. Jahrhunderts. Daneben gibt es eine umfangreiche Waffensammlung inklusive alter Rüstungen zu bewundern.

Mächtig erhebt sich das Schloss Alt Falkenstein auf einem Felsvorsprung über der Klus von Balsthal.
Le château d'Alt Falkenstein se dresse sur un promontoire rocheux dominant Klus.

Oben: Eine umfangreiche Waffensammlung – vom Vorderlader bis zum Karabiner.
Haut: Une vaste collection d'armes – de l'arme se chargeant par la bouche à la carabine.

Unten: Drei Räume des Museums sind als Wohnräume im Stil des 18. und 19. Jahrhunderts eingerichtet.
Bas:Ttrois salles du musée sont aménagées dans le style d'habitat des 18ème et 19ème siècles.

I N F O

Anreise / Trajet

Vom Bahnknoten Olten mit dem Regionalzug bis Oensingen, dort in den Regionalzug oder das Postauto nach Balsthal umsteigen und bis zur Haltestelle Klus fahren. Ein kurzer Fussmarsch bringt uns zum Schloss.

De Bienne Intercity jusqu'à Oensingen, puis train régional ou car postal en direction de Balsthal, poursuivre jusqu'à l'arrêt Klus. Une courte marche conduit au château.

Kursbuchfelder / Indicateur pos. 410, 412.

Geöffnet / Ouverture

Von ca. Mitte April bis Ende Oktober Wochenende und Feiertage, 10.00–12.00 und 14.00–17.00 Uhr, oder auf Anfrage (Publikation im Internet beachten). Montag und Dienstag geschlossen.

D'environ mi-avril à fin octobre, les week-ends et jours fériés de 10h00 à 12h00 et de 14h00 à 17h00, ou sur demande (consulter les indications dans l'internet). Fermé les lundis et mardis.

Idealalter / Âge idéal

Ab ca. 5 Jahren.
Enfants dès 5 ans env.

Zeitaufwand / Durée

Rund eine Stunde.
Environ une heure.

Verpflegung / Boire et manger

Restaurants in Klus-Balsthal.

Weitere Auskünfte / Renseignements

Heimatmuseum Alt Falkenstein
Tel. 079 664 36 08
www.museum-alt-falkenstein.ch

P S

Versteinerungen

Der Museumsgründer Anton Nünlist
(1885–1937) war ein leidenschaftli-
cher Petrefaktensammler. Im
Museum sind viele seiner schönsten
und wertvollsten Funde zu sehen.
Krönung seiner langjährigen
Freizeittätigkeit war die Entdeckung
zweier Seeigelarten, die nach einge-
henden wissenschaftlichen
Untersuchungen als neue Spezies
unter den Namen «Rhabdocidaris
Nunlisti» und «Paracidaris Nunlisti» in
den Artenkatalog aufgenommen
wurden.

Fossiles

Le fondateur du musée, Anton
Nünlist (1885–1937), était un
collectionneur de fossiles passionné.
Le musée abrite un grand nombre
de ses trouvailles intéressantes.
L'apogée de cette activité de loisir a
été la découverte de deux fossiles
d'espèces encore inconnues, inté-
grées au catalogue des espèces par
les scientifiques sous les noms de
«Rhabdocidaris Nunlisti» et
«Paracidaris Nunlisti».

Oben: Zu sehen gibt es Halbarten, Speere, Harnische aus
dem 16. und 17. Jahrhundert, Säbel und Degen.
Haut: Des armures complètes et des armes des 16ème et
17ème siècles sont exposées.

Unten: Weniger kriegerisch sind die Versteinerungen, die
Keramiksammlung sowie die archäologischen Funde.
Bas: Les fossiles, la collection de céramiques et les décou-
vertes archéologiques créent un contraste intéressant.

Les secrets que recèlent des murs épais

L e château d'Alt Falkenstein se dresse dans un site impressionnant, surplombant de son promontoire rocheux, la rivière et la
petite ville de Klus.

L'évêque de Bâle a fait construire autour de l'an 1100 la partie ouest
actuelle du château d'Alt Falkenstein, en bordure de l'importante
route stratégique, passant par la cluse de Balsthal. Au 13ème siècle,
le comte Rudolf von Nidau a agrandi le château par sa partie centrale actuelle et la tour ronde. En 1402, Hans II von Falkenstein a
vendu le château et la petite ville de Klus pour 3000 florins à la ville
de Soleure. En 1542, le château a été rénové, obtenant ainsi son
apparence actuelle. Bâtiment administratif jusqu'en 1798, il a finalement été acheté par Johann Brunner senior en 1801, premier propriétaire privé du château d'Alt Falkenstein. En 1821, Johann Meyer,
chaudronnier et chef de l'artillerie d'Aarau, a acquis le château pour
y déposer une collection d'armures et d'armes. Carolina von Blarer
en est devenue nouvelle propriétaire en 1835. Le château passa aux
mains de Niklaus Feigenwinter en 1891, pour être acquis en 1908
par Alex Leonard Malström, industriel fortuné de Suède, qui prit
également le prétendu titre de «Herr von und zu Falkenstein». Cinq
ans plus tard, la vente à Monsieur Malström a été annulée par
décret du tribunal fédéral. Les héritiers Feigenwinter en redevinrent
propriétaires et l'offrirent au canton de Soleure en 1923, après
l'effondrement de la tour. L'aménagement a été entièrement rénové
entre 1923 et 1932. Le musée du patrimoine régional d'Alt Falkenstein a pu être inauguré en 1929.

Nous y découvrons aujourd'hui une collection intéressante de céramiques de l'époque de Biedermeier, une collection de peignes, de
vieilles tables en cuivre et en acier, des trouvailles archéologiques de
la région – et naturellement une exposition d'habitat des 18ème et
19ème siècles. Sans oublier une vaste collection d'armes et d'anciennes armures.

Entdeckungsreise durch 20 Mio. Jahre

Der Gletschergarten Luzern ist eine der bekanntesten Natursehenswürdigkeiten der Schweiz. Das Naturdenkmal, Museum, Spiegellabyrinth und die Gartenanlagen liegen am Rande der Altstadt, unmittelbar neben dem Löwendenkmal. Ein Besuch lohnt sich bei jeder Witterung, auch im Winter.

Die aus der Eiszeit stammenden grossen Gletschertöpfe wurden 1872 beim Bau eines Weinkellers entdeckt. Neben diesen 20 000 Jahre alten Zeugen der Eiszeit finden sich im gleichen Fels Spuren einer noch viel älteren Periode der Erdgeschichte. Hautnah erlebt der Besucher hier den Wandel von einem subtropischen Palmenstrand am Meer (vor 20 Millionen Jahren) zur Gletscherwelt der Eiszeit. Daneben gibts aber noch weitere Attraktionen wie das Glacier Museum, die Jahrmillionen-Show, Amrein's House, das Spiegellabyrinth «Alhambra», Tower Walk und Picknickplätze in einer ausgedehnten Gartenanlage aus der Jahrhundertwende.

Voyage de 20 millions d'années

Le jardin des glaciers de Lucerne est l'une des curiosités naturelles les plus célèbres de Suisse. Monument naturel, musée, palais des glaces et parc se situent aux portes de la vieille ville, à proximité du «Lion de Lucerne». La visite est passionnante par tous les temps, en hiver également.

Les impressionnantes marmites glacières ont été découvertes en 1872 lors de la construction d'une cave à vin. A côté de ces témoins de l'ère de la glaciation vieux de 20 000 ans, nous découvrons dans la même falaise des traces d'une époque encore plus reculée. Les visiteurs vivent à fleur de peau le passage entre une plage de palmiers subtropicale en bord de mer (il y a 20 millions d'années) et l'univers glacier qui lui a succédé. Le jardin des glaciers propose également de nombreuses autres attractions telles que le musée des glaces, le spectacle Jahrmillionen-Show, Amrein's House, le palais des glaces «Alhambra», Tower Walk et de belles places de piquenique dans le parc.

Die eiszeitlichen Gletschertöpfe und die Besucher werden durch ein Zeltdach geschützt.
Les marmites glacières et leurs visiteurs sont protégés par un toit de tente.

Oben: Ein Gang durchs Spiegellabyrinth begeistert noch heute kleine und grosse Besucher.
Haut: Le passage dans le palais des glaces amuse et ravit petits et grands.

Unten: Das Skelett des Höhlenbären erinnert an die Eiszeit, als die Schweiz mit Gletschern bedeckt war.
Bas: Le squelette d'un ours des cavernes rappelle l'ère glacière, la Suisse était alors recouverte de glaciers.

I N F O

Anreise / Trajet

Vom Bahnhof Luzern gehen wir zu Fuss über die berühmte Kapellbrücke und die Altstadt bis zum Gletschergarten an der Denkmalstrasse oder mit dem Bus Nr. 1 bis Löwenplatz.

De la gare de Lucerne, nous rejoignons le célèbre pont Kapellbrücke et la vieille ville puis nous poursuivons jusqu'au Jardin des glaciers – ou bus no 1 jusqu'à Löwenplatz.

Kursbuchfeld / Indicateur pos. 660.

Geöffnet / Ouverture

364 Tage im Jahr; von April bis Oktober, 9.00–18.00 Uhr, von November bis März, 10.00–17.00 Uhr.

364 jours par année, d'avril à octobre, de 9h00 à 18h00 et de novembre à mars de 10h00 à 17h00.

Idealalter / Âge idéal

Auch für Kleinkinder eindrucksvoll.
Impressionne aussi les petits.

Verpflegung / Boire et manger

Eine Picknickterrasse mit Getränkeshop lädt im Sommer zum Verweilen im Gletschergarten ein.

Terrasse pour le pique-nique et vente de boissons invitent en été à demeurer un peu au Jardin des glaciers.

Weitere Auskünfte / Renseignements

Gletschergarten, Denkmalstrasse 4
6006 Luzern
Tel. 041 410 43 40
www.gletschergarten.ch

Das einzigartige Sehspektakel

Das einzigartige, 112 auf 10 Meter grosse Bourbaki-Panorama von Edouard Castres zeigt den Grenzübertritt der französischen Ostarmee des Generals Bourbaki im Winter 1871 in die Schweiz. Dem Gemälde vorgelagert ist ein plastisch gestaltetes Gelände, das die ganze Szenerie in einer verblüffend dreidimensionalen Wirkung zur Geltung bringt. Gemälde und Vorgelände erzeugen zusammen eine Illusion, die Besucherinnen und Besucher an einen anderen Ort und in eine andere Zeit entführt.

Das Panorama ist eine eindrucksvolle Anklage des Kriegs und Zeugnis der ersten humanitären Aktionen des Roten Kreuzes und zeugt als eines der ganz wenigen noch erhaltenen Riesenrundgemälde weltweit in spektakulärer Weise von der Mediengeschichte des 19. Jahrhunderts – eine Sensation aus der Zeit vor dem Kino. Das Museum bietet verschiedene thematische Führungen an, bei welchen man mehr zu den Hintergründen dieses Krieges erfährt.

Un spectacle visuel particulier

Le Panorama Bourbaki d'Edouard Castres présente, 112 x 10 mètres, le passage de la frontière suisse par l'Armée du Général Bourbaki durant l'hiver 1871. Un terrain en relief évocateur placé devant la fresque, procure au décor un effet tridimensionnel impressionnant. La fresque et son décor créent l'illusion et propulsent les visiteurs à un autre endroit, dans une autre époque. Témoin des premières actions humanitaires de la Croix Rouge, le panorama est une inculpation bouleversante de la guerre. Il atteste de façon spectaculaire de l'histoire médiatique du 19ème siècle – une sensation de l'époque précédant l'arrivée du cinéma, l'une des rares peintures circulaires encore existantes dans le monde. Le musée propose différentes visites guidées à thèmes, qui permettent d'apprendre des faits relatifs à la guerre.

Die Entwaffnung der französischen Ostarmee des Generals Bourbaki im Februar 1871.
Désarmement de l'armée de l'Est française menée par le Général Bourbaki en février 1871.

Oben: Das Bild erzählt auch vom harten Schicksal der Kriegsflüchtlinge im Winter 1870/71.
En haut: La fresque évoque également le sort difficile des refugiés durant l'hiver 1870/71.

Unten: Kanonengrollen aus der Ferne, wiehernde Pferde und anderes mehr bilden die Geräuschkulisse.
Bas: Des bruits de canons lointains, des chevaux hennissants et d'autres bruitages forment les coulisses sonores.

INFO

Anreise / Trajet
Ab Bahnhof Luzern, wo es auch ein Parkhaus gibt, mit Bus 1, 19, 22 oder 23 (Kurzstrecke) bis Haltestelle Löwenplatz.

De la gare de Lucerne, dotée d'un parking également, prendre le bus 1, 19, 22 ou 23 jusqu'à l'arrêt Löwenplatz.

Kursbuchfelder / Indicateur pos. 750, 800.655.

Geöffnet / Ouverture
Täglich von 9.00–18.00 Uhr.
Tous les jours de 9h00 à 18h00.

Idealalter / Âge idéal
Ab ca. 6 Jahren.
Enfants dès 6 ans env.

Zeitaufwand / Durée
Eine Stunde.
Une heure.

Verpflegung / Boire et manger
Restaurant und Pizzeria. Auf Wunsch Apéros, Mittagessen, Abendessen.

Restaurant et pizzeria. Sur demande apéros, repas à midi ou le soir.

Weitere Auskünfte / Renseignements
Bourbaki-Panorama Luzern
Löwenplatz 11, 6000 Luzern 6
Tel. ++41 41 412 30 30
Fax ++41 41 412 30 31
www.bourbakipanorama.ch

Traumschloss über dem Baldeggersee

Schloss Heidegg, das 800-jährige Schloss im Luzerner Seetal, erhebt sich auf dem weinbestockten Burghügel, hoch über dem Baldeggersee. Hier residierten im Mittelalter die stolzen Ritter von Heidegg, später wohlhabende Ratsherrenfamilien aus Luzern. Die Vereinigung Pro Heidegg sorgt seit der kürzlichen Gesamtrenovation für ein vielfältiges Schlossleben. Der ganze Schlossturm mit seinen sieben Etagen kann über eine 300-jährige Wendeltreppe mit 117 Eichentritten besichtigt werden. Das Hauptwohngeschoss ist mit wertvollen Möbeln, Bildern und Souvenirs aus fernen Ländern eingerichtet. An der Decke des barocken Festsaals erinnert ein farbiges Fresko an die Gerichtsherrschaft Heidegg. Draussen erfreut der prächtige Rosengarten die Besucher. Ganz neu ist das Traumschloss im Dachgeschoss; eine Spielanlage mit Labyrinthgängen und Kugelbahn für Kinder im Schulalter.

Zum Schluss noch ein Geheimtipp: Wer sich einmal für länger als Schlossdame oder Schlossherr fühlen möchte, kann für ein paar Tage in der historisch eingerichteten Ferienwohnung im Herrenhaus logieren und von hier aus das Schloss und das Seetal erkunden.

Château enchanteur

Le château d'Heidegg, bâti il y a 800 ans dans la vallée lucernoise de Seetal, se dresse sur une colline vigneronne dominant le lac de Baldegg. Il fut au moyen âge la résidence des chevaliers d'Heidegg, avant d'appartenir plus tard à de nobles familles seigneuriales lucernoises. L'Association Pro Heidegg assure l'exploitation du château récemment rénové. La tour entière, haute de 7 étages, peut être visitée grâce à un escalier en colimaçon composé de 117 marches. L'étage habitable principal est décoré de meubles, peintures et souvenirs de différents pays. Le plafond de la salle des fêtes de type baroque est doté d'une fresque à la mémoire des seigneurs d'Heidegg. A l'extérieur, un magnifique jardin ravit les visiteurs. Le château enchanteur, nouvellement aménagé dans les combles, offre une belle place de jeux avec labyrinthe et jeux de quilles pour les enfants en âge de scolarité.

1950 wurde das Schloss Heidegg von den früheren Besitzern dem Kanton Luzern geschenkt.
Le château d'Heidegg a été offert au canton de Lucerne en 1950 par son dernier propriétaire.

Oben: Abenteuer unter altem Schlossgebälk – im Dachstuhl gibts das Traumschloss-Labyrinth für Kinder.
Haut: Aventure châtelaine pour les enfants – les combles recèlent un labyrinthe qui enchante les jeunes.

Unten: Der bezaubernde Rosengarten auf Schloss Heidegg ist schon allein eine Reise Wert.
Bas: Le jardin merveilleux du château d'Heidegg vaut à lui seul une visite.

I N F O

Anreise / Trajet

Mit der Seetalbahn S9 Lenzburg–Luzern bis Gelfingen, weiter mit dem Bus der Linie 2 bis Haltestelle Schloss Heidegg. Mit dem Auto: Von Luzern über Hochdorf nach Gelfingen, im Dorf rechts Richtung Sulz die Heidegg-strasse hinauf.

Train de la ligne Seetal S9 Lenzburg–Lucerne jusqu'à Gelfingen, puis bus de la ligne 2 jusqu'à l'arrêt Schloss Heidegg. En voiture: de Lucerne par Hochdorf puis Gelfingen, tourner à droite dans le village direction Sulz et remonter la route.

Kursbuchfelder / Indicateur pos. 651, 651.25.

Geöffnet / Ouverture

Von April bis Oktober jeweils Dienstag bis Freitag, 14.00–17.00 Uhr, Wochen-ende und Feiertage, 10.00–17.00 Uhr. Rosengarten April bis Oktober täglich durchgehend offen.

D'avril à octobre du mardi au vendredi de 14h00 à 17h00, le week-end et les jours fériés de 10h00 à 17h00. Jardin d'avril à octobre, sans interruption.

Idealalter / Âge idéal

Ab ca. 5 Jahren.
Enfants dès 5 ans env.

Zeitaufwand / Durée

Eine bis drei Stunden.
Une à trois heures.

Verpflegung / Boire et manger

Café Dornröschen.

Weitere Auskünfte / Renseignements

Schloss Heidegg, 6284 Gelfingen
Tel. 041 917 13 25
www.heidegg.ch

Schloss der Dichter und Abenteurer

Im Kanton Aargau stehen zwei der schönsten Schlösser der Schweiz, die Höhenburg Schloss Lenzburg und das Wasserschloss Hallwyl. Beide gehören zum Historischen Museum Aargau.

Geschichte der Burg

Die Lenzburg zählt zu den ältesten und bedeutendsten Höhenburgen der Schweiz. Trutzig und stolz thront sie oberhalb der gleichnamigen Stadt im Aargau. Der Hügel gilt als Ort der Kraft. Schon ur- und frühgeschichtliche Siedler, Helvetier, Römer und Alemannen hinterliessen um den Schlosshügel ihre Spuren. Die märchenhafte Kulisse und die alten Gemäuer laden auch im Regenwetter zum Staunen, Entdecken und Erleben ein. Das erste Gebäude wurde von den Grafen von Lenzburg im 11. Jahrhundert erstellt. In den folgenden 900 Jahren wurde die Anlage stets erweitert und für neue Funktionen ausgestattet. Der Dichter Frank Wedekind lebte ebenso auf dem Schloss wie der Abenteurer Lincoln Ellsworth. Seit 1956 ist die Lenzburg öffentlich zugänglich und beherbergt das kantonale historische Museum, die Stiftung Schloss Lenzburg und das Stapferhaus.

Wohnkultur und Kindermuseum

Das Museum gibt einen Einblick in die Wohnkultur vom Spätmittelalter bis ins 19. Jahrhundert. Die Räume der Landvogtei zeigen die Lebenswelten der bernischen Landvögte und auch Schlafzimmer, Musiksalon und Rosengarten, die um 1900 für Lady Mildred Bowes-Lyon, Grosstante der britischen Königin Elizabeth II., eingerichtet wurden. Im Gefängnis werden Haftbedingungen und Folterinstrumente des Mittelalters gezeigt. Das «Kindermuseum» im Dachgeschoss des Museums ist ein Erlebnisraum, in dem die kleinen Besucherinnen und Besucher sich als Prinzessinnen oder Ritter verkleiden und im Spielschloss spielen können. Der grösste Liebling der Kinder jedoch ist Fauchi, das Drachenkind, das drachengerecht hinter Schloss und Riegel gesperrt ist. Wenn Fauchi zum Leben erwacht, leuchten Kinderaugen vor Begeisterung. Nach einem Rundgang durch das Museum können sich Besucherinnen und Besucher im Museumscafé stärken. Für private Anlässe bietet das Museum auch Führungen zu verschiedenen Themen an.

I N F O

Oben: Schlafzimmer der Lady Mildred um 1900 auf
Schloss Lenzburg.
Haut: Chambre à coucher de Lady Mildred autour des
années 1900.

Unten: Warum nicht einmal sich als König und Prinzessin
verkleiden? Die Lenzburg zeigt sich kinderfreundlich.
Bas: Pourquoi ne pas se déguiser en roi ou princesse?
Lenzbourg est un musée familial.

Anreise / Trajet

Lenzburg liegt an der Intercity-Strecke
Bern–Zürich. Allerdings halten hier nur
die InterRegios und Regionalzüge.
Vom Bahnhof mit dem Bus bis zum
Schlossparkplatz, von dort 15 Minuten
zu Fuss. Mit dem Auto: A1 Bern–
Zürich, Ausfahrt Lenzburg, weiter zum
Schlossparkplatz.

Lenzbourg est située directement sur
la ligne Intercity Berne-Zurich.
Toutefois seuls les InterRegios et les
trains régionaux y font halte. De la gare, prendre le bus jusqu'au parking du
château, puis marche de 15 minutes.
En voiture: A1 Berne-Zurich, sortie
Lenzbourg.

Kursbuchfeld / Indicateur pos. 650.

Geöffnet / Ouverture

Von 1. April bis 31. Oktober jeweils
Dienstag bis Sonntag und allgemeine
Feiertage, 10.00–17.00 Uhr. Zweiter
Freitag im Juli (Lenzburger Jugendfest)
geschlossen.

Du 1er avril au 31 octobre, du mardi
au dimanche et les jours fériés officiels,
de 10h00 à 17h00. Fermé le deuxième vendredi de juillet (fête de la jeu-
nesse).

Zeitaufwand / Durée

Eine bis drei Stunden.
Une à trois heures.

Verpflegung /
Boire et manger

Museumscafé / Café du musée.

Weitere Auskünfte /
Renseignements

Historisches Museum Aargau
Schloss Lenzburg, 5600 Lenzburg
Tel. 062 888 48 40
www.ag.ch/lenzburg

Un château en mutation

Le canton d'Argovie détient deux des plus beaux châteaux de Suisse, le château de Lenzbourg et celui de Hallwyl, tous deux appartiennent aujourd'hui au Musée d'histoire du canton d'Argovie.

Surplombant la petite ville dont il tient son nom, le vaste château fort de Lenzburg occupe un petit plateau au sommet d'une éminence rocheuse. Le premier bâtiment a été érigé par le comte de Lenzburg au 11ème siècle. Au cours des 900 années suivantes, l'aménagement a été continuellement agrandi, pour assumer de nouvelles fonctions. Aujourd'hui, le château de Lenzbourg abrite le Musée de la culture de l'habitat et le Musée des enfants. Il offre un aperçu de l'habitat de la fin du Moyen-âge au 19ème siècle. On y découvre des pièces administratives, des chambres à coucher, un salon de musique, un jardin des roses aménagé vers 1900 pour Lady Mildred Bowes-Lyon, Grand-tante de la Reine d'Angleterre Elizabeth II. Une prison montre les conditions de détention et les instruments de torture de l'époque. Le musée des enfants, situé dans les combes, permet aux jeunes visiteurs de se transformer en princesse ou en chevalier et de s'ébattre dans un château. Fauchi est un petit dragon farceur, qui vit derrière le château. Lorsqu'il apparaît, il fait briller d'enthousiasme les yeux des enfants. Après cette visite passionnante, le café du musée propose un moment de détente pour reprendre des forces.

Die Höhenburg Schloss Lenzburg überragt das gleichnamige Städtchen im Aargau.
Le château de Lenzbourg domine la petite ville argovienne du même nom.

Un château à douves au bord du lac

L e château de Hallwyl est un des plus beaux châteaux à dou-
ves qui nous soit resté. Situé à quelques minutes du lac, il a
été entièrement rénové entre 1997 et 2004 par le canton
d'Argovie – un travail soigneux qui a rendu à cet aménagement
toute sa splendeur. Le château s'étend sur trois îles confinées dans
un site naturel de toute beauté. Par beau temps, le parc du château
et ses vieux tilleuls invitent à la flânerie. Toutefois, même lorsqu'il
pleut Hallwyl dispose d'une offre divertissante.

Son musée évoque l'histoire fascinante de plus de 900 ans, qui
entoure ce site et ses locataires. Onze sujets décrivent l'évolution de
la vie médiévale à celle des temps modernes. Certains membres de
la famille von Hallwyl racontent eux-mêmes leur histoire. D'autres
personnages, des paysans et artisans, prennent également la parole
pour évoquer leur vie de tous les jours. Ainsi apprend-t-on, dans le
moulin magnifiquement rénové, différentes anecdotes intéressantes
sur le quotidien du meunier, tandis que dans la tour des oubliettes
résonnent les plaintes des prisonniers.

Installations acoustiques, séquences vidéo et une petite machine à
remonter le temps rendent l'exposition vivante et palpable. Après la
visite, le café du château et son atmosphère agréable offrent à ses
hôtes la possibilité de se restaurer et de passer en revue toutes les
découvertes faites.

Wasserschloss am Hallwilersee

Im Aargauer Seetal, nur wenige Gehminuten vom Hallwilersee entfernt und vom Aabach umflossen, präsentiert sich eines der schönsten Wasserschlösser der Schweiz. Schloss Hallwyl wurde von 1997 bis 2004 vom Kanton Aargau einer sorgfältigen Restaurierung unterzogen und erstrahlt heute in neuem Glanz. Die imposante Schlossanlage erstreckt sich über drei Inseln und schmiegt sich reizvoll in das umliegende Naherholungsgebiet. Der idyllische Schlosshof mit der alten Linde lädt bei Sonnenschein zum Verweilen ein. Doch auch bei Regenwetter ist Schloss Hallwyl einen Besuch wert.

Im Museum durch die Zeitepochen

Die neue Dauerausstellung veranschaulicht die 900-jährige Geschichte des Schlosses und seiner Bewohner. In elf Themen wird ein breites Panorama mittelalterlicher und neuzeitlicher Lebenswelten entfaltet. Ausgewählte Mitglieder der Familie von Hallwyl erzählen dabei ihre Geschichte gleich selber. Wer schon immer wissen wollte, wie Hans von Hallwyl seinen glänzenden Sieg gegen die Burgunder errang, weshalb Franziska Romana Hals über Kopf ihr Elternhaus verliess oder was sich hinter dem geheimnisvollen Versuchslabor Burkhards III. verbarg, erhält in der Ausstellung eine Antwort. Zu Wort kommen aber auch die einfachen Leute, die Bauern und Untertanen der Herrschaft von Hallwyl. So erfährt man in der vorbildlich restaurierten Mühleanlage so manches über den harten Alltag des Müllers, und im Verliesturm erklingen die schaurigen Klagen der Gefangenen. Akustische Einlagen, Videosequenzen und eine kleine Zeitmaschine machen den Besuch zu einem einmaligen sinnlichen Erlebnis.

Im stilvollen Schlosscafé hat der Besucher die Gelegenheit, das Erlebte bei Kaffee und Kuchen oder auch bei einem einfachen Essen noch einmal Revue passieren zu lassen. Der geräumige Mehrzweckraum bietet Platz für gesellschaftliche Anlässe jeder Art: vom Apéro bis zur Familienfeier, vom Seminar bis zur Generalversammlung findet sich für jedes Ereignis die stimmige Kulisse. Eine breite Auswahl von Führungen und Erlebnistagen rundet das Angebot ab.

Das mittelalterliche Schloss Hallwyl ist von einem Wassergraben umgeben.
Le château médiéval romantique au bord du lac de Hallwyl est entouré d'une douve.

Oben: Drei verschiedene soziale Schichten, drei Arten sich zu kleiden: Bauer, Nonne, Adliger.
Haut: Trois couches sociales différentes, trois types d'habillement: le paysan, la nonne et le noble.

Unten: Im Fegefeuer warten die sündigen Seelen auf den Eintritt in den Himmel.
Bas: Les âmes pécheresses attendent leur entrée dans les cieux au purgatoire.

I N F O

Anreise / Trajet

Mit der Seetalbahn S9 Lenzburg–Luzern bis Boniswil, weiter mit dem Bus der Linie 95 bis Haltestelle Schloss Hallwyl. Mit dem Auto: A1 Bern–Zürich, Ausfahrt Lenzburg, Richtung Beinwil am See bis Boniswil, dort brauner Wegweiser Hallwyl, Parkplatz vor dem Schloss.

Train S9 Lenzbourg-Lucerne jusqu'à Boniswil, puis bus de la ligne 95 jusqu'à l'arrêt «Schloss Hallwyl». En voiture: A1 Berne-Zurich, sortie Lenzbourg, puis direction Beinwil am See jusqu'à Boniswil, suivre les indicateurs bruns. Parking devant le château.

Kursbuchfelder / Indicateur pos. 651, 653.17.

Geöffnet / Ouverture

Von 1. April bis 31. Oktober, jeweils Dienstag bis Sonntag und allgemeine Feiertage, 10.00–17.00 Uhr.

Du 1er avril au 31 octobre, du mardi au dimanche et les jours fériés officiels, de 10h00 à 17h00.

Idealalter / Âge idéal

Ab ca. 5 Jahren.
Enfants dès 5 ans env.

Zeitaufwand / Durée

Eine bis zwei Stunden.
Une à deux heures.

Verpflegung / Boire et manger

Museumscafé / Café du musée.

Weitere Auskünfte / Renseignements

Schloss Hallwyl, 5707 Seengen
Tel. 062 767 60 10
www.schlosshallwyl.ch

Eine Zeitreise durch die Natur

Wer hat schon einmal ein Mammutbaby gestreichelt? Zugegeben, lebendig ist dieses gigantische Tier natürlich auch im Naturama nicht. Aber in voller Lebensgrösse und mit Haut und Haar streckt es seinen Rüssel neugierig in die Luft. Oder wer möchte die spitzen Krallen des mächtigen Plateosauriers bewundern? Wie wäre es mit einem Besuch in der Unterwelt des Aargaus, zum Beispiel im Herznacher Eisenbergwerk? Oder mit einem Spaziergang durch den Auenwald? Oder wollen wir einen Blick in die Kristallkugel wagen, um unserer Zukunft auf die Spur zu kommen?

Diese und viele weitere spannende Erlebnisse bietet das Naturama in Aarau. Es lädt ein zu einer Zeitreise durch die einheimische Natur. Vergangenheit, Gegenwart und Zukunft lassen sich auf drei Stockwerken entdecken und erleben. So erfahren wir Spannendes über die Welt von Mammut und Dino, beobachten lebende Tiere – Zwergmäuse, Frösche oder Küchenschaben, je nach Geschmack – und sinnieren über die Zukunft, etwa über die globale Erwärmung und was sie für uns bedeuten könnte.

Dass man im Naturama den Dachs streicheln, die flinken Eidechsen beobachten und im Grillofon einem Grillenkonzert lauschen kann, freut nicht nur die jungen Besucher. Das Naturama ist ein Museum für Gross und Klein. Es bietet spannende Fakten und Erlebnisse für Leute jeden Alters mit Lust auf Wissen. Einige Besonderheiten richten sich direkt an junge Besucher: So können Kinder dem Froschkönig auf dem riesigen Wandpuzzle auf die Sprünge helfen oder ihr Natur-Wissen an den Computerstationen testen. Ausserdem gibt es im Audiosystem ein Programm speziell für Kinder: Gümpi und Schnägg, die beiden Leitfiguren, führen die Dreikäsehochs durchs Museum und bringen sie mit Geschichten und Liedern zum Hören und Staunen.

I N F O

Das Naturama ist eines der modernsten Naturmuseen der Schweiz.
Le Naturama est l'un des musées les plus modernes de Suisse.

Oben: Die Zwergmäuse gehören zu den Lieblingen von Jung und Alt.
Haut: Les souris naines sont les chouchous des petits et grands.

Unten: Dieser Flugsaurier sieht gefährlich aus – aber er frisst nur Fisch …
Bas: Ce volatile semble dangereux, pourtant il ne mange que du poisson.

Anreise / Trajet

Von Zürich, Basel und Bern fahren wir direkt mit dem Intercity nach Aarau. Das Naturama befindet sich direkt gegenüber dem Bahnhof.
Wer mit dem Auto unterwegs ist, fährt auf der Autobahn A1 Zürich–Bern bis zur Ausfahrt Aarau West oder Aarau Ost. Von dort folgen wir den Wegweisern ins Zentrum.

Intercity de Zurich, Bâle ou Berne jusqu'à Aarau. Le Naturama est situé juste en face de la gare. En voiture, nous empruntons l'autoroute A1 Berne – Zurich jusqu'à la sortie Aarau West ou Aarau Ost et suivons les indicateurs pour le centre.

Kursbuchfeld / Indicateur pos. 650.

Geöffnet / Ouverture

Täglich ausser Montag von 10.00 bis 17.00 Uhr, die Mediothek ist von 13.30 bis 17.00 Uhr geöffnet.

Tous les jours sauf le lundi, de 10h00 à 17h00, médiathèque de 13h30 à 17h00.

Idealalter / Âge idéal

Ab ca. 4 Jahren.
Enfants dès 4 ans env.

Zeitaufwand / Durée

Eine bis drei Stunden.
Une à trois heures.

Verpflegung / Boire et manger

Cafeteria & Museumsshop.

Weitere Auskünfte / Renseignements

Naturama Aargau, Bahnhofplatz 5001 Aarau, Tel. 062 832 72 00
www.naturama.ch

P S

Rätseln auf der Spur

Im **Naturlabor** könnten wir uns
einen ganzen Nachmittag lang beschäftigen: mit der Riechschublade –
aus der Tanne, Biber und Minze duf-
ten, – dem Fellrätsel «jöh, so weich»,
oder mit Untersuchungen von
Käfern und Schmetterlingen durchs
Mikroskop.

Eine besondere Attraktion sind die
wechselnden **Sonderausstellungen**
mit Begleitprogramm. Immer wieder
werden an Wochenenden besondere Aktivitäten angeboten, wie Fa-
milienexkursionen, Kinderclub-Nach-
mittage oder **spezielle Events**: So
findet im Januar ein Filmfestival statt,
an Ostern können Kaninchen gestreichelt werden, oder im Herbst
lockt ein Markt mit Aargauer
Spezialitäten.

Wer müde ist von all den Erlebnis-
sen, kann sich im Museumscafé aus-
ruhen und stärken, im Shopangebot
stöbern oder in der Bücherecke der
Mediothek schmökern.

Devinettes

Le laboratoire nous offre de nombreux divertissements intéressants:
des odeurs de sapin, de menthe et
de castor émanent d'un tiroir, des
fourrures nous permettent de découvrir le poil de différents animaux,
un microscope invite à examiner de
plus près insectes et papillons. Des
expositions temporaires et leur programme d'encadrement garantis-
sent l'étonnement. Des activités particulières sont régulièrement proposées le week-end – excursions en
famille, après-midi pour enfants,
manifestations spéciales, telles qu'un
festival du film en janvier, etc.

Oben: Hier ist eigene Kreativität gefragt – im
Naturama gibt es vielfältige Angebote für Kinder.
Haut: Créativité bienvenue – le Naturama offre de
nombreuses attractions pour les enfants.

Unten: Dieser Biber darf berührt und gestreichelt werden, das Fell ist dicht und hält den Biber trocken.
Bas: Nous pouvons toucher ce castor et constater qu
sa fourrure épaisse lui permet de rester bien au sec.

Naturama

Un voyage à travers temps et nature

Qui d'entre vous a déjà caressé un bébé mammouth? Certes, le Naturama n'abrite pas de spécimen vivant de ces géants d'autrefois, par contre leur reproduction en grandeur originale est recouverte de peau et de poils. Qui aimerait découvrir les griffes affûtées d'un platéosaurus? Qui a déjà visité l'univers souterrain du canton d'Argovie, comme les mines de fer d'Herznach? Quelqu'un souhaite-t-il jeter un coup d'œil dans une boule de cristal et y voir l'avenir de notre planète?

Ces découvertes, et d'autres, nous sont proposées par le Naturama d'Aarau. Il nous convie à un voyage dans le temps et la nature de notre pays. Le passé, le présent et l'avenir sont à découvrir et à vivre à fleur de peau sur les trois étages d'exposition. Nous récoltons d'intéressantes anecdotes sur la vie des dinosaures et des mammouths, observons des animaux: souris naines, grenouilles ou cafards, et entrevoyons l'avenir de la planète – un musée naturel innovateur exceptionnel. Le Naturama, musée pour petits et grands, enchante ses visiteurs par des attractions telles qu'un blaireau à caresser, l'observation des lézards, un concert de grillons. Certaines activités sont expressément destinées aux plus jeunes visiteurs: un puzzle mural géant, des tests de connaissances sur ordinateur, un système audio de guidage animé par deux personnages sympathiques, qui les entraînent à travers le musée en leur racontant des histoires et en chansons.

Aargauer Kunsthaus Aarau

Das von den Architekten Herzog & de Meuron und Rémy Zaugg 2003 erweiterte Aargauer Kunsthaus verfügt über eine der schönsten und umfassendsten Sammlungen von Schweizer Kunst vom 18. Jahrhundert bis in die Gegenwart. Schwerpunkte des älteren Teils der Sammlung sind Werkgruppen von Caspar Wolf, Johann Heinrich Füssli, Arnold Böcklin und der Landschaftsmalerei des 19. Jahrhunderts. Im neueren Teil werden Werke von der frühen Moderne bis zur abstrakten Kunst der Nachkriegszeit und vom künstlerischen Aufbruch der 1960er-Jahre bis in die Gegenwart gezeigt.

Hauptsächlich dem zeitgenössischen Kunstschaffen aus dem In- und Ausland sind rund sechs Wechselausstellungen pro Jahr gewidmet. Daneben bietet das Aargauer Kunsthaus zahlreiche Angebote der Kunstvermittlung: Öffentliche Führungen, Bildbetrachtungen, Konzerte, Vorträge und museumspädagogische Veranstaltungen für Schulklassen, Familien und Kinder begleiten die aktuellen Ausstellungen und geben Einblicke in die Sammlung.

«Aargauer Kunsthaus, Aarau»

«L'Aargauer Kunsthaus», agrandie en 2003 par les architectes Herzog & de Meuron et Rémy Zaugg, dispose d'une des plus belles et plus vastes collections retraçant l'art suisse du 18ème siècle à nos jours.

Les points principaux de l'ancienne partie de la collection sont les groupes d'œuvres de Caspar Wolf, Johann Heinrich Füssli, Arnold Böcklin et les paysages du 19ème siècle. La nouvelle partie comporte des œuvres allant des débuts de l'art moderne à l'art abstrait de l'après-guerre, de l'éveil de l'art des années 60 à nos jours. Six expositions temporaires environ présentent chaque année des artistes contemporains étrangers et indigènes. En outre, «L'Aargauer Kunsthaus» dispose de nombreuses offres: visites guidées publiques, observation de toiles, concerts, conférences et manifestations pédagogiques pour les écoles, familles et enfants accompagnent les expositions actuelles et offrent un aperçu plus profond des collections.

Angebote für Kinder, Jugendliche und Erwachsene bietet die Museumspädagogik.
Offres pour enfants, adolescents et adultes proposées par des pédagogues.

I N F O

Anreise / Trajet
Vom Bahnhof zu Fuss entlang der Bahnhofstrasse bis zum Aargauerplatz (5 Minuten). Verschiedene Busse fahren vom Bahnhofplatz bis Haltestelle «Kunsthaus».

De la gare, à pied le long de la rue «Bahnhofstrasse» jusqu'à la place «Aargauerplatz» (5 min). Différents bus conduisent de la gare à l'arrêt «Kunsthaus».

Kursbuchfeld / Indicateur pos. 650.

Geöffnet / Ouverture
Dienstag bis Sonntag von 10 bis 17 Uhr, Donnerstag von 10 bis 20 Uhr, Montag geschlossen.

Du mardi au dimanche de 10h à 17h, le jeudi de 10h à 20h, fermé le lundi.

Idealalter / Âge idéal
Ab ca. 8 Jahren.
Enfants dès 8 ans env.

Zeitaufwand / Durée
Zwei bis drei Stunden.
Entre deux et trois heures.

Verpflegung / Boire et manger
Cafeteria im Foyer.
Cafétéria, foyer.

Die Kunstbibliothek im Untergeschoss (oben), eine Kunstbuchhandlung und ein Café im Foyer gehören zu den ständigen Angeboten des Aargauer Kunsthauses mit seinem modernen Erweiterungsbau (unten).

La bibliothèque située au sous-sol (haut), ainsi qu'une librairie et un café aménagés dans le foyer, forment l'offre permanente de «l'Aargauer Kunsthaus», élargie par une construction annexe moderne (bas).

Weitere Auskünfte / Renseignements
Aargauer Kunsthaus Aarau
Tel. 062 835 23 30 (Sekretariat)
Tel. 062 835 23 31 (Museumspädagogik)
www.aargauerkunsthaus.ch

Das Aargauer Kunsthaus ist rollstuhlgängig!
Le musée est accessible en fauteuil roulant!

Auf den Spuren der Urzeitgiganten

Die Schweiz besitzt mit dem Sauriermuseum Frick einmalige Schätze der Erdgeschichte. Als einziges Museum der Schweiz zeigt Frick ein vollständiges Skelett des Dinos Plateosaurus – es stammt aus der Tongrube von Frick. In den Sechzigerjahren stiessen die Buben des Laborchefs der Tonwerke Frick auf zusammenhängende Knochen, und schon bald wurde klar, dass es sich um eine einzigartige Fundstelle von urzeitlichen Dinosauriern handelt. 1991 wurde im Untergeschoss des ehemaligen Schulhauses (Eingang hinter dem Gebäude) das Sauriermuseum Frick eingeweiht. Wir erfahren, dass vor 200 Millionen Jahren ein tropisches Meer die Schweiz überflutete. Das Museum ist klein und verfügt über eine gesellige, fast familiäre Atmosphäre. Ein Lehrpfad mit acht Stationen verbindet das Museum mit der Tongrube. Dort befindet sich ein speziell eingerichteter Fossilien-Klopfplatz, wo jedermann nach Versteinerungen suchen darf. Nach dem Museumsbesuch könnten wir, wenn es nicht zu stark regnet, also noch etwas selber graben …

Sur les traces des géants disparus

La Suisse possède, au Musée des Dinosaures de Frick, des trésors exceptionnels documentant l'histoire de notre planète. Il est en effet le seul musée de Suisse à présenter le squelette entier d'un platéosaure – découvert dans la mine d'argile de Frick. Dans les années soixante, les deux fils du chef de laboratoire de l'usine d'argile de Frick ont trouvé des ossements et il fut rapidement évident qu'il s'agissait d'un site archéologique exceptionnel. En 1991, le Musée de Dinosaures de Frick a été inauguré dans le sous-sol de l'ancien bâtiment scolaire (entrée à l'arrière de la bâtisse). Nous y apprenons notamment qu'une mer tropicale recouvrait la Suisse il y a 200 millions d'années. Le musée étant petit, l'atmosphère qui s'y dégage est très conviviale et familiale. Un sentier didactique doté de huit postes relie le musée et la mine d'argile. Celle-ci nous offre la possibilité d'entreprendre nos propres fouilles qui, avec un peu de chance, nous permettrons de mettre à jour un joli fossile.

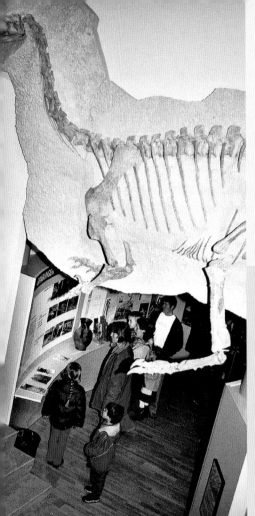

I N F O

Anreise / Trajet

Frick liegt an der InterRegio-Strecke Basel–Zürich. Das Museum befindet sich nur fünf Gehminuten vom Bahnhof. – Autobahn A3, Ausfahrt Frick, via Saurierkreisel und Hauptstrasse in die Schulstrasse (Parkplätze).

Frick est situé sur la ligne Interregio Bâle-Zurich. Le musée se trouve à seulement cinq minutes à pied de la gare – autoroute A3, sortie Frick, via giratoire à l'effigie d'un dinosaure, route principale puis «Schulstrasse» (parking).

Kursbuchfelder / Indicateur pos. 700, 700.60.

Geöffnet / Ouverture

Jeden ersten und dritten Sonntag im Monat ist das Museum von 14.00 bis 17.00 Uhr geöffnet.

Le musée est ouvert tous les premier et troisième dimanches du mois, de 14h00 à 17h00.

Idealalter / Âge idéal

Ab ca. 8 Jahren.
Enfants dès 8 ans env.

Zeitaufwand / Durée

Eine Stunde Museum und eine Stunde Lehrpfad.

Une heure au musée et une heure pour le sentier.

Verpflegung / Boire et manger

Mehrere Restaurants in Frick.
Plusieurs restaurants à Frick.

Weitere Auskünfte / Renseignements

Sauriermuseum Frick
Schulstrasse 22
Tel. 062 865 28 06 (Info)
Tel. 062 871 53 83 (Anmeldung)
www.sauriermuseum-frick.ch

Oben: Das Saurierskelett stammt aus der Tongrube von Frick, die zu den weltweit wichtigsten Fundorten zählt.
Haut: Squelette issu de la mine d'argile de Frick, l'un des plus importants sites archéologiques du monde.

Unten: Informative Dioramen, die bei Gross und Klein Interesse wecken, erwarten uns im Sauriermuseum.
Bas: Informations captivantes qui intéressent petits et grands au Musée des Dinosaures de Frick.

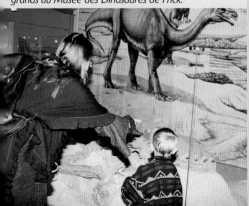

Entdecken – ausprobieren – spielen

Im Kindermuseum erlebt der Besucher, wie sich die Kindheit durch die Jahrhunderte gewandelt hat. Es dreht sich alles um das Kind, über die Entwicklung von Familie, Spiel und Spielzeug, Kindergarten und Schule. Ein Museum, das Jung und Alt fasziniert. Ein Rundgang durch die Räume des Kindermuseums in der ehemaligen Villa des Industriellen Funk steckt für Kinder wie auch für Erwachsene voller Überraschungen. Die Dauerausstellung zeigt die Entwicklungsstufen des Kindes, führt über zur Kulturgeschichte des Kindes und behandelt die Technik im Spielzeug und das Wesen der Puppe. Attraktive Spiel- und Experimentierstationen ergänzen das Angebot – ein Observatorium, ein Spielsaal, ein Hosensackmuseum, wo Kinder ihre eigenen Sammlungen präsentieren, und vieles mehr. Das Kindermuseum bietet jeweils von Oktober bis April ein vielseitiges Aktivitätenprogramm an, wo Kinder und Erwachsene schauen, staunen und basteln können. Fordern Sie das Programm an.

Découvrir – essayer – jouer

Le Kindermuseum (musée des enfants) propose aux visiteurs de découvrir comment l'enfance a évolué au fil des siècles. Tout tourne autour de l'enfant, du développement de la famille, des jeux et jouets, de l'école enfantine et de l'école. Un musée qui fascine jeunes et moins jeunes.

Le parcours de pièce en pièce dans l'ancienne villa du célèbre industriel Funk est plein de surprises. L'exposition montre les étapes de développement des enfants, conduit à travers l'histoire de la civilisation et traite des thèmes de la technique dans l'univers des jouets et de l'engouement pour la poupée. Des stations de jeu et d'expérimentation complètent l'offre – un observatoire, une salle de jeux, le musée des poches où les enfants peuvent présenter leurs propres collections, etc. D'octobre à avril, le musée offre un programme d'activités varié, qui permet aux enfants et aux adultes de s'émerveiller et de bricoler. Demandez le programme détaillé.

Im Spielzimmer des Kindermuseums können wir tüfteln und nach Herzenslust Spielsachen ausprobieren.
Dans la salle de jeux du musée, nous avons le loisir d'essayer différents jeux et jouets.

Oben: Hantieren, selber machen, spielen, Neues erfahren und staunen – alle sind begeistert!
Haut: Déambuler, essayer, jouer, apprendre et s'émerveiller – toute la famille est comblée.

Unten: Das Schweizer Kindermuseum ist in einer herrschaftlichen alten Villa in Baden untergebracht.
Bas: Le musée est installé dans la noble villa d'un ancien industriel de Baden.

I N F O

Anreise / Trajet

Mit Schnellzug oder S-Bahn von Zürich bzw. Olten bis Baden, das Kindermuseum finden wir am Ländliweg 7. Mit dem Auto Ausfahrt Baden (A1) benutzen, dann bis Parkhaus Ländli fahren.

Train direct ou S-Bahn de Zurich, respectivement Olten jusqu'à Baden. Le musée se situe à la rue Ländliweg 7. En voiture, sortie Baden (A1) puis regagner le parking de Ländli.

Kursbuchfeld / Indicateur pos. 650.

Geöffnet / Ouverture

Mittwoch bis Samstag, 14.00–17.00 Uhr, Sonntag, 10.00–17.00 Uhr, Führungen ganze Woche auf Voranmeldung.

Du mercredi au samedi de 14h00 à 17h00, dimanche de 10h00 à 17h00, visites guidées tous les jours sur demande.

Idealalter / Âge idéal

Ab 5 Jahren.
Enfants dès 5 ans.

Zeitaufwand / Durée

Je nach Interesse bis 2 Stunden oder länger.

En fonction de l'intérêt, jusqu'à 2 heures ou plus.

Verpflegung / Boire et manger

Getränke- und Snackautomat.
Automate à boissons et snacks.

Weitere Auskünfte / Renseignements

Schweizer Kindermuseum
Ländliweg 7, 5400 Baden
Tel. 056 222 14 44
www.kindermuseum.ch

Historisches Museum Baden

Das Historische Museum Baden besteht aus dem ehrwürdigen Landvogteischloss und einem eleganten Erweiterungsbau. Das am Ende des 15. Jahrhunderts erbaute Schloss beherbergt eine archäologische Ausstellung, sakrale Kunst sowie Arbeits- und Wohnräume des 17. bis 20. Jahrhunderts, darunter auch eine komplette Wohnung im Stil der Dreissigerjahre. Im Erweiterungsbau ist eine neue Dauerausstellung zur Bäder- und Industriegeschichte zu sehen, die den Wandel der Lebensumstände und der Mentalitäten aufzeigt. Das Miteinander von Landvogteischloss und modernem Erweiterungsbau des Architektenpaares Katharina und Wildfrid Steib gibt dem Historischen Museum sein Gepräge.

Vielfältige Ausstellungen und Veranstaltungen ermöglichen Einblicke in vergangene und gegenwärtige Lebenswelten; sie thematisieren den jeweiligen Zeitgeist und wollen den Wandel in Gesellschaft und Umwelt greifbar machen.

Musée d'histoire de Baden

Le Musée d'histoire de Baden se compose d'un respectable château baillival et d'une construction annexe élégante. Le château, érigé à la fin du 15ème siècle, abrite une exposition archéologique, de l'art sacré ainsi que des locaux de travail et pièces d'habitation du 17ème au 20ème siècle dont, entre autres, un appartement complet des années trente. Dans la construction annexe, une nouvelle exposition permanente sur l'histoire de Baden et de l'industrie, montrant le changement des conditions de vie et des mentalités, est à découvrir. La combinaison du château baillival et de son annexe moderne, créé par le couple d'architectes Katharina et Wildfrid Steib, offre au musée un caractère exceptionnel.

Des expositions et manifestations variées permettent un aperçu de la vie passée et d'aujourd'hui, elles thématisent l'esprit de chaque époque et veulent rendre palpables les changements sociaux et environnementaux.

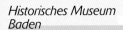

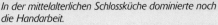

In der mittelalterlichen Schlossküche dominierte noch
die Handarbeit.
Le travail manuel domine dans la cuisine médiévale
châtelaine.

Oben: Im Neubau kann man sich mit der neueren
Geschichte Badens auseinandersetzen.
Haut: Dans l'annexe, nous découvrons l'histoire de la
région de Baden.

Unten: Das Landvogteischluss und der Neubau aus der
Neunzigerjahren liegen direkt am Ufer der Limmat.
Bas: Le château et son annexe datant des années 90
sont situés sur la rive de la Limmat.

I N F O

Anreise / Trajet
Das Landvogteischloss an der
Wettingerstrasse 1 ist vom Bahnhof
aus nach einem kurzen Bummel durch
die Altstadt zu erreichen. Dabei überqueren wir die Limmat.

Le château baillival à la rue Wettingerstrasse 1 est accessible depuis la
gare après une courte balade à travers la vieille ville. Nous traversons la
Limmat.

Kursbuchfeld / Indicateur pos. 650.

Geöffnet / Ouverture
Dienstag bis Freitag, 13.00–17.00 Uhr,
am Wochenende, 10.00–17.00 Uhr.
Feiertage siehe Internet.

Ma – ve, 13h00–17h00, le week-end
de 10h00 à 17h00, jours fériés, consulter l'Internet.

Idealalter / Âge idéal
Ab ca. 5 Jahren.
Enfants dès 5 ans env.

Zeitaufwand / Durée
Eine bis drei Stunden.
Une à trois heures.

Verpflegung /
Boire et manger
Ein China-Restaurant befindet sich
gleich nebenan.
Un restaurant chinois se trouve à
proximité.

Weitere Auskünfte /
Renseignements
Historisches Museum Baden
Landvogteischloss, 5400 Baden
Tel. 056 222 75 74
http://museum.baden.ch

Nordamerika Native Museum NONAM

Wenn bei den Hopi-Indianern im Südwesten der USA die Sonne scheint, ist das nichts Besonderes. Im Gegenteil – die Sonne scheint dort fast immer, und sicher würde es den Kindern nicht einfallen, «O du goldigs Sünneli» zu singen. Stattdessen singen die Menschen Lieder, die ihnen den lang ersehnten Regen bringen. Die Katsinas sollen ihnen dabei helfen. Katsinas sind Geistwesen, die weit weg in den Bergen leben und die Menschen jedes Jahr besuchen. Die Männer der Hopi schnitzen und bemalen Püppchen nach dem Vorbild der Geister und schenken sie ihren Kindern. Wer in der Schweiz Ablenkung vom Regen sucht, ist herzlich eingeladen, die farbenfrohen Katsina-Figuren und viele andere spannende Objekte der Indianer im NONAM zu bestaunen. Durch die Nebelschleier der Nordwestküste erahnen wir gleich neben den Katsinas die Schemen der geheimnisvollen Masken und Gewänder der Tlingit- und Haida-Indianer. Der Besuch führt durch die arktische Steinwüste, die Subarktis und die Plains. Zu sehen sind perlenbestickte Gewänder, Silberschmuck, Trommeln, Pfeifen, ein Birkenrindenkanu und sogar ein Bison.

Les «Native Americans» et «Inuit»

Au contraire de chez nous, les Indiens du Sud-ouest des Etats-Unis exécutent des danses et des chants, invoquent des esprits et procèdent à des cérémonies pour faire venir la pluie … En Suisse, celui qui cherche un peu de divertissement lorsque le mauvais temps est au rendez-vous, est cordialement invité à vernir admirer les masques et figurines colorés et de nombreux autres objets indiens au NONAM. A travers le voile de brume de la côte Nord-ouest, nous devinons les ombres des masques et costumes mystérieux des Indiens Tlingit et Haida. La visite conduit à travers le désert de pierres arctique, les régions subarctiques et les plaines. Nous découvrons des costumes brodés de perles, des bijoux en argent, des tambours, des pipes, un canoë en bouleau et même un bison.

Picknickplatz im Hof des NONAM, das Museum ist sehr familienfreundlich.
Place de pique-nique dans la cours du NONAM – un endroit très familial.

Oben: Bunte Malereien und Masken von den First Nations der Nordwestküste.
Haut: Peintures et masques colorés des First Nations de la côte Nord-ouest.

Unten: Zwischen Birkenstämmen und Kanus erfahren wir mehr über das Leben der Ureinwohner.
Bas: Entre troncs de bouleaux et canoë, nous apprenons beaucoup sur la vie des Native Americans.

I N F O

Anreise / Trajet
Vom HB Zürich fahren wir mit der S6 oder S16 bzw. mit Tram 2 oder 4 bis zum Bahnhof Tiefenbrunnen. Von dort aus sind es wenige Gehminuten bis zum NONAM-Museum an der Seestrasse 317.

De la gare principale de Zurich, nous prenons le S6 ou le S16, resp. le tramway 2 ou 4 jusqu'à la gare de Tiefenbrunnen. De là, quelques minutes de marche nous séparent du NONAM.

Geöffnet / Ouverture
Am Wochenende, 10.00–17.00 Uhr, Dienstag bis Freitag, 13.00–17.00 Uhr, Mittwoch, 13.00–20.00 Uhr, Montag geschlossen.

Samedi et dimanche, 10h00 à 17h00, du mardi au vendredi de 13h00 à 17h00, le mercredi de 13h00 à 20h00. Fermé le lundi.

Idealalter / Âge idéal
Ab ca. 5 Jahren.
Enfants dès 5 ans env.

Zeitaufwand / Durée
Rund eine Stunde.
Environ une heure.

Verpflegung / Boire et manger
In der kleinen Cafeteria gibts Kaffee, kalte Getränke und Gebäck.

La petite cafétéria propose café, boissons fraîches et gâteaux.

Weitere Auskünfte / Renseignements
Nordamerika Native Museum
8008 Zürich
Tel. 043 499 24 40
www.nonam.ch

Im Masoala Regenwald

Hoch über dem Zürichsee erwartet Sie der 11 000 Quadratmeter grosse Masoala Regenwald. Hautnah erleben Sie darin das ganze Jahr eine feuchtwarme, tropisch duftende Oase. Der Regenwald braucht zwar viel Feuchtigkeit, wird zu Ihrem Glück aber nur ausserhalb der Besucherzeiten beregnet. Rote Varis, Pantherchamäleons, Rodrigues Flughunde und Vasapapageien sind nur einige der über 30 Tierarten, die sich im Regenwald frei bewegen. Lassen Sie sich Zeit, die Tiere in ihrer natürlichen Umgebung zu beobachten und die exotische Pflanzenwelt zu entdecken.

Eine Attraktion für Kinder bietet das Zoolino. Dort dürfen die Tiere gestreichelt und teilweise gefüttert werden.

Besuchen Sie auch die neue Löwenanlage. Die Indischen Löwen leben dort in Gemeinschaft mit Asiatischen Zwergottern und Alexandersittichen. Die dazugehörende Ausstellung «Mensch und Löwe – eine Beziehung zwischen Angst und Verehrung» birgt einige Überraschungen.

La forêt tropicale de Masoala

Sur les hauts du lac de Zurich vous attendent 11 000 mètres carrés de terrain abritant la forêt tropicale de Masoala. Vous y rencontrez toute l'année une oasis tropicale odorante, ainsi qu'un climat chaud et humide. Bien que la forêt tropicale ait besoin de beaucoup d'humidité, il n'y «pleut» par chance qu'en dehors des heures d'ouverture. Lémurs variés roux, caméléons panthères, roussettes de Rodrigues et perroquets de Vasa ne sont que quelques représentants de la trentaine d'espèces animales vivant en liberté dans ce parc hors du commun. Prenez le temps d'observer les animaux dans leur environnement naturel et découvrez la flore exotique. Le Zoolino constitue une jolie attraction pour les enfants. Les animaux y résidant aiment les caresses et peuvent en partie être nourris.

Visitez le nouvel aménagement pour les lions. Des lions indiens y vivent avec des loutres cendrées et des perruches alexandre. L'exposition correspondante «L'homme et le lion – une coexistence entre peur et vénération» offre quelques surprises.

Den Roten Vari entdecken Sie wegen seinem roten Fell
leicht im grünen Blätterwerk.
Le lémur varié roux est facilement reconnaissable grâce
à son pelage rouge.

Oben: Die Gestaltung der neuen Löwen-Innenanlage ist
dem indischen Gir Forest Nationalpark nachempfunden.
Haut: L'aménagement du nouvel espace réservé aux
lions rappelle le parc national indien Gir Forest.

Unten: Im Zoolino sind Füttern und Streicheln erlaubt,
die Zwergziegen freuen sich auf den Besuch.
Bas: Le Zoolino permet de caresser et nourrir les animaux – les chèvres naines adorent la visite.

I N F O

Anreise / Trajet
Mit den SBB bis zum Hauptbahnhof
Zürich, dort mit dem Tram Nr. 6
Richtung Zoo. Mit dem Auto: Auto-
bahn A1, Ausfahrt 65, Richtung
Dübendorf/Wallisellen (Situationsplan
unter www.zoo.ch).

Avec le train des CFF jusqu'à la gare
principale de Zurich, puis avec le tram
no 6 direction Zoo. En voiture: autoroute A1, sortie 65 direction Düben-
dorf/Wallisellen (plan d'accès sous
www.zoo.ch).

Geöffnet / Ouverture
Das ganze Jahr; von März bis Oktober,
9.00–18.00 Uhr, von November bis
Februar, 9.00–17.00 Uhr, Masoala-
Regenwald immer ab 10.00 Uhr.

Toute l'année; de mars à octobre de
9h00 à 18h00, de novembre à février
de 9h00 à 17h00. Forêt tropicale de
Masoala toujours dès 10h00.

Idealalter / Âge idéal
In jedem Alter spannend.
Intéressant à tout âge.

Verpflegung /
Boire et manger
Speis und Trank bieten die 4 Zoo-
Restaurants (Siesta, Masoala, Altes
Klösterli, Outpost).

4 restaurants dans le zoo offrent boissons et repas (Siesta, Masoala, Altes
Klösterli, Outpost).

Weitere Auskünfte /
Renseignements
Zoo Zürich, Zürichbergstrasse 221
8044 Zürich
Tel. 0848 966 983
www.zoo.ch

Mit dem Tram in die Tropen

Der Schaugarten und das **Palmen- und das Tropenhaus** der Zürcher Stadtgärtnerei sind das ganze Jahr geöffnet. Im Palmenhaus gedeihen neben Palmen auch Farnbäume, Bananen, Kaffee, Ingwer und andere Pflanzen. In einem Teich schwimmen Fische, aus dem Dickicht der Pflanzen ertönt das Gezwitscher der verschiedenen hier frei lebenden Vögel. Liebhaber exotischer Blüten spazieren auf gewundenen Pfaden durchs Tropenhaus, in dem zahlreiche Orchideen blühen.

Die **Sukkulenten-Sammlung** Zürich ist eine der weltweit führenden Institutionen ihrer Art mit rund 25 000 verschiedenen Pflanzenindividuen. Sukkulenten sind Pflanzen, die sich im Verlauf ihrer Entwicklung an ein Leben in den Trockengebieten der Erde angepasst haben, indem sie die Fähigkeit entwickelten, Wasser zu speichern. Die bekanntesten sind die Kakteen; sie machen allerdings nur einen Teil aller Sukkulenten aus. Viele Sukkulenten fallen auf durch ihren farbenprächtigen und formenreichen Blütenschmuck.

Les tropiques accessibles en tramway

Le jardin et les serres tropicales de la jardinière de la ville de Zurich sont ouverts toute l'année. La serre des palmiers présente aussi des fougères, bananiers, cafetiers, gingembres et autres plantes tropicales. Des poissons nagent dans un étang, des oiseaux en liberté gazouillent haut dans les arbres. Les amateurs de fleurs exotiques se baladent à travers la serre tropicale sur les sentiers bordés de nombreuses orchidées.

La collection de succulentes de Zurich est l'une des institutions les plus importantes en son genre au niveau mondial et recense quelque 25 000 plantes différentes. Les succulentes (plantes grasses) sont des plantes dont l'évolution leurs a permis de s'adapter aux conditions de vie de régions arides en développant la capacité d'accumuler des réserves d'eau. Les cactées en sont les plus connues, mais ne représentent qu'une partie d'un ensemble hétérogène. De nombreuses plantes grasses attirent l'attention par leurs fleurs colorées.

*Im Palmenhaus leben verschiedene frei fliegende Vögel,
wie dieser Tukan.*
*Différents oiseaux en liberté, comme ce toucan, peu-
plent la serre des palmiers.*

*Oben: Farbenprächtige Blüten das ganze Jahr im
Tropenhaus der Stadtgärtnerei.*
*Haut: Des fleurs colorées égayent tout l'année les
serres de la jardinière de la ville de Zurich.*

*Unten: Zu den Sukkulenten gehören Kakteen, Aloen,
Agaven (Bild) und andere mehr.*
*Bas: Les cactées, aloès, agaves (photo), entre autres,
font partie des plantes grasses.*

I N F O

Palmen- und Tropenhaus /
Serre tropicale

Stadtgärtnerei, Sackzelg 25/27,
8047 Zürich-Albisrieden
Tel. 044 492 14 38
www.stadt-zuerich.ch/stadtgaertnerei

Täglich geöffnet von 9.00 bis 16.30
Uhr, Eintritt frei.
Anreise: Tram 3 ab Zürich HB bis
Hubertus.
Im Blumenshop werden täglich frische
Sträusse und Arrangements zum Kauf
angeboten.

Ouvert tous les jours de 9h00 à
16h30, entrée libre.
Trajet: tramway 3 de Zurich gare centrale à Hubertus.
Un magasin propose tous les jours de
jolis bouquets et arrangements.

Sukkulenten-Sammlung /
Collection de succulentes

Mythenquai 88, 8002 Zürich
Tel. 043 344 34 80
www.stadt-zuerich.ch/sukkulenten

Täglich geöffnet von 9 bis 16.30 Uhr,
Eintritt frei.
Anreise: Tram 7 ab Zürich HB bis
Brunaustrasse, Bus 161, 165 ab
Bürkliplatz bis Sukkulenten-
Sammlung.
Pflanzenshop im Eingangsbereich;
Pflanzenberatung jeweils Mittwoch
von 14 bis 16 Uhr.

Ouvert tous les jours de 9h00 à
16h30, entrée libre.
Trajet: tramway 7 de Zurich gare centrale à Brunaustrasse, bus 161, 165 de
Bürkliplatz à Sukkulenten-Sammlung.
Magasin près de l'entrée, avec service
conseil les mercredis de 14h00 à
16h00.

Vom Wildpark zur Waldwildnis

Der **Wildpark Langenberg**, eingebettet in die Landschaft der Albiskette, gehört zur Gruppe wissenschaftlich geführter Zoos und Wildparks der Schweiz. Der Wildpark konzentriert sich ausschliesslich auf Wildtiere, die in der Schweiz vorkommen oder früher hier beheimatet waren. Besonderes Gewicht wird auf die artgemässe Haltung der Tiere gelegt. Anders als in einem Zoo, braucht es manchmal etwas Geduld, um die Tiere in ihrer natürlichen Umgebung beobachten zu können. Murmeltier, Feldhase, Wildkatze, Fuchs, Luchs, Wolf oder Bär sind scheu.

Im **Sihlwald** entsteht allmählich ein Naturwald: eine Waldwildnis mit lauschigen Plätzen und atemberaubenden Aussichtspunkten, mit aufragenden Bäumen, umgestürzten, vermodernden Stämmen und nachwachsendem Jungwald. Auf gut unterhaltenen Wegen können Besucherinnen und Besucher die Natur erkunden und die Stille geniessen. Die Dauerausstellung im Naturzentrum Sihlwald präsentiert diesen einzigartigen Naturerlebnispark; im Foyer erhalten Sie Informationen zum Sihlwald und zu den laufenden Veranstaltungen.

Un parc sauvage

Le parc animalier Wildpark de Langenberg, lové dans le paysage bordant la chaîne de l'Albis, fait partie des zoos et parcs animaliers gérés de manière scientifique. Ce parc se concentre exclusivement sur les animaux sauvages vivant en Suisse ou y ayant résidé autrefois. Un point d'honneur est donné à la détention conforme des animaux. A l'encontre d'un zoo, il faut parfois un peu de patience pour observer les animaux dans leur environnement naturel. Marmottes, lièvres, chats sauvages, renards, lynx et ours sont en effet bien timides.

La forêt de Sihlwald se transforme peu à peu en forêt naturelle: un site sauvage doté d'endroits enchanteurs, de points de vue exceptionnels, d'arbres qui s'élèvent haut vers le ciel, de troncs en décomposition et d'une jeune forêt en croissance. De bons chemins nous permettent de découvrir cette nature sauvage.

I N F O

Wildpark Langenberg / Parc animalier de Langenberg
Albisstrasse 4, 8135 Langnau a. A.
Tel. 044 713 42 13
www.stadt-zuerich.ch/wildpark

Zentrumsteil täglich während 24 Stunden offen; Wildkatzenanlage, Wildschweingehege täglich 8.00 bis 16.00 Uhr, Eintritt frei.
Anreise: S4 (SZU) ab Zürich HB bis Wildpark-Höfli.

Partie principale ouverte tous les jours, 24h/24, chats sauvages, parc à sangliers, tous les jours de 8h00 à 16h00, entrée libre.
Trajet: S4 (SZU), de Zurich à Wildpark-Höfli.

Naturzentrum Sihlwald / Centre nature de Sihlwald
8135 Sihlwald, Tel. 044 720 38 85
www.stadt-zuerich.ch/sihlwald

Sihlwald, Aussenausstellungen, Walderlebnispfad, Hochwachtturm, Farnpfad, Biber- und Fischotteranlage sind jederzeit frei zugänglich.
Naturzentrum: Vom 21. März bis Ende Oktober, Dienstag bis Samstag, 12.00 bis 17.30 Uhr, Sonntag und Feiertage 9.00 bis 17.30 Uhr
Anreise: S4 (SZU) ab Zürich HB bis Sihlwald.

La forêt de Sihlwald, exposition en plein-air, sentiers découvertes, tour d'observation, sentier des fougères, parc à castors et à loutres sont accessibles à toute heure.
Centre Nature: du 21 mars à fin octobre, du mardi au samedi de 12h00 à 17h30, dimanche et jours fériés de 9h00 à 17h30.
Trajet: S4 (SZU), de Zurich à Sihlwald.

Internationales Ansehen hat sich der Wildpark Langenberg mit der Zucht von Przewalski-Pferden erworben.
Le parc de Langenberg a acquis une réputation internationale par son élevage de chevaux de Przewalski.

Oben: Der Sihlwald wandelt sich allmählich vom Nutzwald zu einer Waldwildnis.
Haut: La forêt de Sihlwald se transforme peu à peu en site naturel sauvage.

Unten: Das Naturzentrum Sihlwald mit Wechselausstellungen, Café und Shop.
Bas: Le Centre Nature de Sihlwald, abrite des expositions, café et shop.

Kulturama

Entdeckungen im Museum des Menschen

Das Kulturama, Museum des Menschen, präsentiert die Entwicklungsgeschichte des Lebens sowie die Biologie und Kulturgeschichte des Menschen. Von den ersten Lebewesen bis zu den Hochkulturen kann die spannende Evolution über 600 Millionen Jahre erlebt werden. Dinosaurier-Skelette, Urmenschenbüsten und diverse echte Fossilien laden zum Staunen und Verstehen ein. Aussergewöhnliche Exponate wie ägyptische Mumien, echte Schrumpfköpfe und römische Skelette zeigen Aspekte der Kulturgeschichte des Menschen auf und geben spannende Geschichten preis.

Ein Erlebnispfad, welcher im Frühling 2006 eröffnet wurde, ergänzt die permanente Ausstellung. Er ist für Kinder, Jugendliche und Familien konzipiert und bietet Wissenschaft zum Anfassen und Ausprobieren an. Man kann Knochen ertasten, Steinwerkzeuge ausprobieren, die Fähigkeiten des Gehirns selbst erfahren, verschiedene Tierskelette studieren, ein Dinosaurier-Rätsel lösen und noch viel, viel mehr. Experimente und Spiele machen die Biologie des Menschen und die Entwicklungsgeschichte des Lebens «be-greifbar».

Découvertes au musée de l'homme

Le Kulturama, musée de l'homme, présente l'histoire de l'évolution de la vie, ainsi que la biologie et l'histoire de la civilisation humaine. De la première forme de vie aux hautes civilisations, nous découvrons l'évolution palpitante de plus de 600 millions d'années. Squelettes de dinosaures, bustes d'hommes primitifs et différents fossiles véritables nous invitent à l'émerveillement et à la compréhension. Des pièces insolites, telles que des momies égyptiennes, de véritables têtes réduites et des squelettes romains montrent différents aspects de l'histoire de la civilisation humaine. Un sentier des découvertes, inauguré au printemps 2006, complète l'exposition permanente. Il a été conçu à l'intention des enfants, des adolescents et des familles et place la science à portée de mains. Il propose notamment de toucher des ossements, essayer des outils en pierre, de résoudre une énigme sur les dinosaures.

Wissenschaft zum Anfassen bietet der Erlebnispfad für Kinder, Jugendliche und Familien.
Le sentier des découvertes, rend la science palpable pour les enfants, les ados et les familles.

Oben: Wie haben die Menschen vor 3 Millionen Jahren ausgesehen? Zum Beispiel der Homo erectus.
Haut: Quelle allure avaient les hommes il y a 3 millions d'années? Un exemple, l'homo erectus.

Unten: Auge in Auge mit den Dinosauriern – der Schädel des Plateosauriers fasziniert die jungen Besucher.
Bas: Face à face avec les dinosaures – le crâne d'un platéosaure fascine de jeunes visiteurs.

INFO

Anreise / Trajet

Tram 3 ab Zürich HB in Richtung Klusplatz nehmen und am Hottingerplatz aussteigen. Von dort aus sind es nur wenige Schritte bis zur Englischviertelstrasse 9.

Tramway no 3 de la gare Zurich HB, direction Klusplatz et descendre à l´arrêt Hottingerplatz. Quelques pas nous séparent de la rue Englischviertelstrasse 9.

Geöffnet / Ouverture

Dienstag bis Sonntag, 13.00–17.00 Uhr. Montag geschlossen.

Du mardi au dimanche de 13h00 à 17h00. Fermé le lundi.

Idealalter / Âge idéal

Ab ca. 6–7 Jahren. Speziell für Kinder und Jugendliche ist der Erlebnispfad geeignet.

Enfants dès 6–7 ans env. Le sentier des découvertes est voué spécialement aux enfants.

Verpflegung / Boire et manger

Mehrere Restaurants in der Umgebung des Kulturamas, zum Beispiel die Cafeteria Hottingen.

Plusieurs restaurants dans les environs du musée, notamment la cafétéria Hottingen.

Weitere Auskünfte / Renseignements

Kulturama – Museum des Menschen
Englischviertelstrasse 9, 8032 Zürich
Tel. 044 260 60 44
www.kulturama.ch

Museum in der Mühle Tiefenbrunnen

Die Mühle Tiefenbrunnen wurde Ende des 19. Jahrhunderts als Brauerei im Stil eines «Backsteinschlosses» erbaut. Seit 1913 ist hier der Produktionsbetrieb der Wehrli-Mühlen angesiedelt, der 1983 stillgelegt und in ein Museum umgewandelt wurde. Die imposante, sich über vier Stockwerke erstreckende Mühle liefert noch heute etliche Tonnen Mehl pro Jahr. Die Energie wird von einem einzigen Elektromotor mit Hilfe von Transmissionen auf alle Maschinen und Förderanlagen übertragen. Auf einem Rundgang erleben Sie den Weg vom Korn zum Mehl, der in mehreren Stufen über das Putzen und Schälen bis zum Vermahlen und Aussieben anschaulich erfahrbar ist. Begleitend vermittelt die Dauerausstellung auf spielerische Art Hintergrundinformationen zu Getreideanbau, -züchtung und Verehrung. Jährlich wechselnde Sonderausstellungen rund um Ernährung, Ess- und Trinkkultur sowie Alltagskultur ergänzen das Angebot.

Le Musée du moulin de Tiefenbrunnen

Le moulin de Tiefenbrunnen a été construit à la fin du 19ème siècle dans le style d'un château en briques. Il a d'abord servi de brasserie et, depuis 1913, de moulin pour l'entreprise Wehrli-Mühlen. Il a finalement été transformé en musée en 1983. Ce moulin impressionnant, qui se compose de quatre étages, produit encore aujourd'hui de nombreuses tonnes de farine chaque année. L'énergie est distribuée à toutes les machines et installations au moyen d'un seul moteur électrique et de transmissions. Un circuit nous permet de découvrir le chemin qui sépare le grain de la farine, passant ainsi par les étapes du nettoyage, du décorticage, jusqu'à la mouture et le passage au tamis. En outre, l'exposition permanente transmet de manière ludique, des informations de fond sur la production de céréales et leur mise en valeur. Des expositions temporaires renouvelées chaque année, complètent l'offre par des informations sur la nutrition, la culture de la nourriture et des boissons, ainsi que la culture quotidienne.

INFO

Anreise / Trajet

*Ab HB Zürich S6 oder S16, Tram 2
oder 4 bis Bahnhof Zürich-Tiefen-
brunnen. Für Autofahrer gibts ein ge-
bührenpflichtiges Parkhaus im Areal,
weitere Parkplätze in der näheren
Umgebung.*

*De la gare principale de Zurich, S6 ou
S16, tramway 2 ou 4 jusqu'à la gare
Zurich-Tiefenbrunnen. Les automobilis-
tes trouveront des places de parc
payantes dans les environs.*

Geöffnet / Ouverture

*Dienstag bis Samstag, 14.00–17.00
Uhr, Sonntag, 10.00–17.00 Uhr.
Montag geschlossen. Gruppenbesuche
auch ausserhalb der Öffnungszeiten
möglich.*

*Oben: Auch Kinder haben viel Spass bei einem Besuch
im Mühlerama – z. B. auf der Wendelrutsche.
Haut: Les enfants ont également beaucoup de plaisir à
visiter le moulin – qui dispose d'un long toboggan.*

*Unten: Vom Müller lernen wir, wie aus dem Korn das
Mehl gemacht wird.
Bas: Des meuniers nous apprennent comment le grain
se transforme en farine.*

*Du mardi au samedi de 14h00 à
17h00, dimanche de 10h00 à 17h00.
Fermé le lundi. Visites de groupes également en dehors des heures officiel-
les.*

Gruppenangebote /
Offres pour groupes

*Führungen, Brotbackkurse, Apéros und
Diners in den nostalgischen Räumlich-
keiten der Mühle, Spezialangebote für
Kinder (Kindergeburtstag, Mäuse-
Abenteuer) und Schulklassen.*

*Visites guidées, cours de fabrication du
pain, apéros et dîners dans les magnifi-
ques locaux du moulin, offres spéciales
pour enfants (anniversaires, aventure
souris) et les classes.*

Weitere Auskünfte /
Renseignements

*Mühlerama, Seefeldstrasse 231,
8008 Zürich, Tel. 044 422 76 60
info@muehlerama.ch
www.muehlerama.ch*

Günstiger ins Kino

Gerade an Regentagen taucht man gerne für zwei Stunden in sonnige Welten ein. Die kitag-Kinos locken mit einem Spitzenprogramm an Event-Movies im Wochenrhythmus. Besonders grosse Produktionen kommen erst auf der Grossleinwand des Kinos mit topmoderner Sound-Anlage und voll besetztem Saal so richtig zur Geltung.

Doch damit nicht genug: Dank einer neuen Preisgestaltung lohnt es sich für Kinder und Jugendliche ganz besonders, die kitag-Säle in Zürich, Bern und Basel aufzusuchen. So zahlen Kinder bis und mit 12 Jahren pro Ticket nur CHF 13.–. Zudem gibts einen neuen Jugend-Fixpreis, der Kinofans im Alter von 13 bis und mit 20 Jahren den Kinobesuch für CHF 16.– (Zürich) beziehungsweise CHF 15.– (Bern/Basel) ermöglicht. Na denn: Wann gehts mal wieder ab ins Kino?

Le cinéma à prix réduit

Qu'il est agréable, justement lorsqu'il fait mauvais temps, de plonger deux bonnes heures dans l'univers du fantastique. Les cinémas kitag offrent un programme exceptionnel de films cultes, renouvelé chaque semaine. Les grandes productions sont projetées dans des salles disposant d'un aménagement sonore ultramoderne, les mettant en valeur comme il se doit.

Mais ce n'est pas tout: grâce à une nouvelle politique des prix, les salles kitag de Berne, Zurich et Bâle sont devenues particulièrement avantageuses pour les enfants et les jeunes. Ainsi, les enfants jusqu'à 12 ans paient CHF 13.– par entrée. Les jeunes entre 13 et 20 ans bénéficient uniformément d'un prix fixe de CHF 16.– (Zurich), respectivement CHF 15.– (Berne/Bâle). Alors: à quand la prochaine sortie cinéma?

Bunte und glamouröse Welt der Kinos: In Bern gibts sieben kitag-Kinos, darunter auch das alhambra.
L'univers coloré et glamour du cinéma: Berne dispose de sept cinémas kitag, dont l'alhambra.

Oben: Wer eines der vier Basler kitag-Kinos besucht, freut sich zum Beispiel über die Lounge im rex.
Haut: Le cinéma kitag bâlois rex possède un décor attrayant, qui ravit les visiteurs.

Unten: Zu den sieben Zürcher kitag-Kinos gehört auch das metropol mit Luxus-Bestuhlung.
Bas: Le cinéma métropol de Zurich, doté de fauteuils confortables, fait partie des salles kitag.

I N F O

kitag kino-theater ag – die Kinos / les cinémas

<u>Zürich</u>: abaton, abc, capitol, corso, frosch, metropol, plaza,
<u>Bern</u>: alhambra, capitol, city, gotthard, jura, rex, royal,
<u>Basel</u>: capitol, rex, studio central.

Bequem zu erreichen mit den öffentlichen Verkehrsmitteln (SBB und Tram).

Facilement accessibles avec les transports publics (CFF et tramway).

Geöffnet / Ouverture

Weitere Informationen im Internet unter www.kitag.com.

Informations détaillées sous www.kitag.com.

Reservation und Kauf / Réservations et achat

Online unter www.kitag.com oder übers Handy mit kitag mobile (Infos unter www.kitag.com).

En ligne sous www.kitag.com ou par tél. mobile (voir sous www.kitag.com).

Telefonische Reservation / Réservation par téléphone

kitag-Line: 0900 556 789 (CHF 1.10/ Min. und Anruf) mit persönlicher Bedienung.

kitag-Line: 0900 556 789 (CHF 1.10/ min. et appel) avec service personnel.

Kinoprogramm / Programme

In den entsprechenden Tageszeitungen, online unter www.kitag.com oder übers Handy mit kitag mobile.

Dans les journaux locaux correspondants, sous www.kitag.com ou par tél mobile.

Flieger Flab Museum

Das Flieger Flab Museum in Dübendorf ist eines der schönsten und interessantesten Fliegermuseen Europas. Es besteht seit 1972 und dokumentiert in ausführlicher Weise die Geschichte der Schweizer Militärfliegerei. Der faszinierende Wandel der Technik, vom hölzernen Doppeldecker bis zum Abfangjäger mit Schallgeschwindigkeit, ist am Beispiel von über 40 Flugzeugen und Helikoptern dargestellt.

Seit 2005 betreibt das Flieger Flab Museum Dübendorf einen Flugsimulator Pilatus P-3 und einen Fallschirm-Simulator. Der Traum vom Fliegen kann seither für Jung und Alt (ab 12 Jahren, Aufpreis zum Museumseintritt) erfüllt werden. Fliegerische Vorkenntnisse sind keine erforderlich. Die Simulatoren sind an den Nachmittagen von Mittwoch, Freitag und Samstag verfügbar; eine Vorreservation ist zu empfehlen. Die Besucher fliegen unter Anweisung eines ausgewiesenen Instruktors auf der gewünschten Flugroute quer durch die Schweiz. Dabei betätigen sie mit Händen und Füssen die originalen Steuerelemente des Pilatus P-3 der Schweizer Luftwaffe.

Musée Aviation Flab

Le musée Aviation Flab de Dübendorf est l'un des plus beaux et intéressants musées d'aviation d'Europe. Il existe depuis 1972 et documente largement l'histoire de l'aviation suisse. L'évolution fascinante de la technique, des biplans en bois aux avions de chasse atteignant la vitesse du son, est représentée à l'exemple de plus de 40 avions et hélicoptères. Depuis 2005, le musée Aviation Flab dispose en outre d'un simulateur de vol Pilatus P-3 et d'un simulateur de saut en parachute. Le rêve de voler peut ainsi devenir réalité pour les jeunes et moins jeunes (dès 12 ans, taxe supplémentaire). Aucune connaissance de pilotage n'est requise. Les simulateurs sont disponibles les après-midi, du mercredi, vendredi et samedi – il est recommandé de réserver à l'avance. Les visiteurs pilotent leur machine sur la route aérienne choisie et traversent ainsi la Suisse, encadrés par un instructeur expérimenté.

Am Flugsimulator P-3 erleben Sie während 30 Minuten ein authentisches Fluggefühl.
Le simulateur de vol P-3 nous offre des sensations authentiques pendant 30 minutes.

Oben: Ohne Angstgefühl «springen» Sie mit dem ersten zivilen Fallschirm-Simulator Europas.
Haut: «Sauter» grâce au premier simulateur de saut en parachute civil d'Europe.

Unten: Die Ausstellung gliedert sich in zeitliche Etappen – von den Flugpionieren bis ins Jet-Zeitalter.
Bas: L'exposition est aménagée selon les étapes temporelles – des pionniers de l'aviation à nos jours.

I N F O

Anreise / Trajet

Den Bahnhof Dübendorf erreichen wir von Zürich HB aus mit der S14 oder S9 Richtung Uster. Wir benutzen die Unterführung und folgen der Überlandstrasse in Richtung Wetzikon. Mit dem Auto auf der A1 Richtung Winterthur, Ausfahrt Dübendorf/ Wallisellen, dort auf der Überlandstrasse nach Uster fahren.

La gare de Dübendorf est accessible depuis Zurich HB avec le S14 ou le S9 direction Uster. Nous empruntons le passage sous-voie et suivons la route Überlandstrasse en direction de Wetzikon. En voiture, A1 direction Winterthur, sortie Dübendorf/Wallisellen, puis route Überlandstrasse dir. Uster.

Kursbuchfeld / Indicateur pos. 740.

Geöffnet / Ouverture

Dienstag bis Freitag, 13.30–17.00 Uhr, Samstag, 9.00–17.00 Uhr, Sonntag, 13.00–17.00 Uhr, am Montag geschlossen.

Mardi à vendredi 13h30 à 17h00, samedi 9h00 à 17h00, dimanche 13h00 à 17h00. Fermé le lundi.

Idealalter / Âge idéal

Ab ca. 6 Jahren, Simulatoren ab 12 Jahren.
Enfants dès 6 ans env., simulateurs dès 12 ans.

Zeitaufwand / Durée

Zwei bis drei Stunden.
Deux à trois heures.

Weitere Auskünfte / Renseignements

Flieger Flab Museum, Überlandstrasse 255, 8600 Dübendorf
Tel. 044 823 23 24
www.airforcecenter.ch

Wie einst die Ritter lebten

Rund 150 Meter über der Töss thront auf einem Hügelsporn die Kyburg. Einst die Stammburg der Grafen von Kyburg, war sie später in habsburgischem Besitz, bevor sie von 1424 bis 1798 den Zürcher Landvögten als Sitz diente. Danach bewohnten Privatleute das Schloss, bis es 1917 zum Museum wurde.

Das Schloss Kyburg ist eines der besterhaltenen Baudenkmäler in der Nordostschweiz und zeugt von wechselvoller Geschichte der Landschaft. Die neue Dauerausstellung erzählt von 800 Jahren Leben auf der Kyburg und geht den Spuren der Bewohnerinnen und Bewohner der letzten Jahrhunderte nach. Wir erfahren, was der Kyburger-Ritter serviert bekam und was Herr und Frau Landvogt das Jahr über auf der Kyburg für Aufgaben erfüllten. In der Folterkammer können wir den vertonten Verhörprotokollen zuhören und hautnah miterleben, was die Kriminellen unter der Folter (nicht) gestanden. Wir können uns in ein mittelalterliches Schlupfgewand hüllen oder die Gewürze in der Küche erschnuppern.

La vie des chevaliers d'autrefois

Le château de Kyburg trône sur une butte dominant le cours du Töss d'environ 150 mètres. Berceau des comtes de Kyburg, il fut plus tard aux mains des Habsbourg, avant de servir de siège au Bailli zurichois entre 1424 et 1798. Des particuliers l'ont ensuite habité, jusqu'à ce qu'il devienne un musée en 1917.

Le château de Kyburg est l'un des monuments les mieux conservés du Nord de la Suisse orientale et témoigne de l'histoire passionnante de sa contrée. La nouvelle exposition met à jour 800 années de vie de château et retrace le quotidien de ses résidents. Nous y découvrons ce que les chevaliers de Kyburg mangeaient, les tâches qu'accomplissaient Madame et Monsieur les Baillis au cours de l'année. La salle des tortures, dévoile un protocole d'interrogatoire et nous permet de découvrir ce que les criminels avouaient ou non sous la torture. Nous pouvons en outre enfiler un vêtement d'autrefois ou humer les épices dans la cuisine.

Wir können das mittelalterliche Schloss Kyburg frei begehen und blicken vom Kapellenturm auf den Bergfried.
Le château de Kyburg se visite librement – de la tour de la chapelle, nous dominons le donjon.

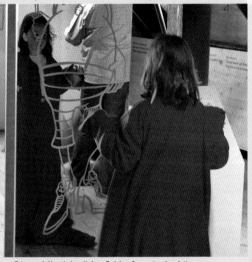

Oben: Mittelalterliche Schlupfgewänder hängen zur Anprobe bereit – für Burgfräuleins und Ritter.
Haut: Des habits médiévaux à essayer – une joie pour les damoiselles et chevaliers d'aujourd'hui.

Unten: Im vierten Stock des Bergfrieds befindet sich ein Blockgefängnis von 1586.
Bas: Le quatrième étage du donjon abrite une prison fermée de 1586.

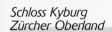
I N F O

Anreise / Trajet
Mit den öffentlichen Verkehrsmitteln ist die Kyburg gut erreichbar. Ein Linienbus der Verkehrsbetriebe Glattal verbindet Kyburg stündlich mit Effretikon SBB.

Le château de Kyburg est accessible avec les transports publics. Un bus régulier relie chaque heure Kyburg et la gare CFF d'Effretikon.

Kursbuchfelder / Indicateur pos. 750, 800.655.

Geöffnet / Ouverture
Von Mai bis Oktober, 10.30–17.30 Uhr, im Winterhalbjahr bis 16.30 Uhr. Jeden Montag sowie im Dezember und Januar geschlossen.

De mai à octobre de 10h30 à 17h30, pendant le semestre d'hiver jusqu'à 16h30. Fermé le lundi ainsi qu'en décembre et janvier.

Idealalter / Âge idéal
Ab ca. 5 Jahren.
Enfants dès 5 ans env.

Verpflegung / Boire et manger
Zwei Wirtschaften im Dorf gleich vor der Burg bieten Speis und Trank.

Deux restaurants nous accueillent dans le village juste devant le château.

Weitere Auskünfte / Renseignements
Verein Museum Schloss Kyburg
8314 Kyburg
Tel. 052 232 46 64
www.schlosskyburg.ch

Experimentieren mit Spass

Keine Ahnung von Physik und Technik? Macht nichts! Auch wer in seiner Schulzeit die naturwissenschaftlichen Fächer nicht gerade zu seinen Paradedisziplinen zählte, wird mit einem «Wow!» auf den Lippen durchs Technorama schlendern. Ein einziger Besuch kann mehr bewirken als alle mühsam gepaukten Theorien.

Wissenschaft kann richtig faszinierend sein! Plötzlich begreift man, dass das trockene Feld der Zahlen und Formeln lebt. Es macht Spass, die Natur-Phänomene näher kennenzulernen. Auf das anfängliche Staunen folgt der «Aha-Effekt». Was es hier zu entdecken, zu bestaunen und zu begreifen gibt, ist bombastisch! An rund 500 interaktiven Experimenten kann man selber schalten und walten und so manchen überraschenden Effekt auslösen. Kein Wunder, pilgern jährlich fast 250 000 Besucher aus der ganzen Schweiz und halb Europa ins Technorama. Täglich finden Shows zum Mitmachen und spannende Vorführungen statt – sei es nun die Gasshow, der Laserkiosk, die Hochspannungsshow und vieles mehr.

Expériences amusantes

Aucune idée de la physique et de la technique? Peu importe! Même les anciens élèves peu intéressés pendant leur scolarité aux questions de sciences physique et naturelle se baladeront avec engouement à travers le Technorama. Une seule visite peut avoir bien plus d'effet que de longues théories ennuyantes.

La science peut être réellement fascinante! Soudain découvre-t-on que les chiffes et formules ne sont pas si rébarbatifs qu'on ne l'imagine. Les phénomènes naturels sont fascinants. Ce que le Technorama offre en découvertes est impressionnant. Quelque 500 postes interactifs nous proposent de faire des expériences surprenantes. Pas étonnant que cette exposition accueille, chaque année, près de 250 000 visiteurs de toute la Suisse et d'Europe. Des démonstrations ont lieu chaque jour – où les acteurs principaux sont le gaz, le laser, l'électricité, etc.

I N F O

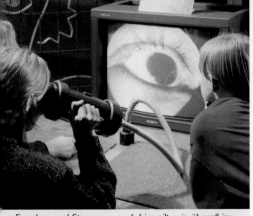

Forschen und Staunen – auch hier gilt, wie überall im Technorama, «Bitte anfassen!».
Découvrir et s'émerveiller – le Technorama invite à toucher, essayer, apprendre.

Oben: Hochspannungsshow – Legen Sie mal Hand an über 500 000 Volt, bis die Haare zu Berge stehen!
Haut: Spectacle à haute tension – posez vos mains sur plus de 500 000 volts et vos cheveux s'élèvent!

Unten: Coriolis-Karussell – und die Erde dreht sich doch, das können Sie nun am eigenen Körper erleben!
Bas: Un carrousel peu commun permet de ressentir la rotation de la terre de tout son corps.

Anreise / Trajet
Ab Hauptbahnhof Winterthur (Intercity Zürich–St. Gallen) mit Bus Nr. 5 bis Haltestelle Technorama. Mit dem Auto ab Autobahnausfahrt Oberwinterthur (A1) Richtung Zentrum. Wegweiser Technorama beachten, Gratispark-plätze vor dem Gebäude.

De la gare principale de Winterthur (Intercity Zurich–St-Gall) en bus no 5 jusqu'à l'arrêt Technorama. En voiture, sortie d'autoroute (A1) Oberwinter-thur, direction Zentrum. Suivre les indi-cations pour le Technorama. Places de parc gratuites devant l'entrée.

Kursbuchfelder / Indicateur pos. 750, 850.

Geöffnet / Ouverture
Dienstag bis Sonntag von 10.00 bis 17.00 Uhr. Am 25.12. geschlossen. An allgemeinen Feiertagen auch montags geöffnet.

Du mardi au dimanche de 10h00 à 17h00. Fermé le 25.12. Les autres jours fériés, ouvert également le lundi.

Idealalter / Âge idéal
Ab ca. 5 Jahren.
Enfants dès 5 ans env.

Zeitaufwand / Durée
Mindestens drei Stunden.
Au moins trois heures.

Verpflegung / Boire et manger
Restaurant und Picknickplätze im Museum.

Restaurant et places de pique-nique.

Weitere Auskünfte / Renseignements
Technorama, 8404 Winterthur
Tel. 052 244 08 44
www.technorama.ch

Seefahrt, Zimt und Schwalbenschwanz

Was wissen wir über die Kreuzzüge? Wer kennt den Johanniterorden? Was haben Safran, Zimt und Muskatnuss mit den Rittern gemeinsam? Dies und vieles mehr erfahren wir im Ritterhaus Bubikon. Das mittelalterliche Anwesen zwischen Zürichsee, Greifensee und Pfäffikersee blickt auf eine mehr als 800-jährige Geschichte zurück. Es gilt sogar als besterhaltene Komturei (Verwaltungseinheit) des Johanniterordens in Europa. Heute ist das Ritterhaus Bubikon nicht nur romantische Kulisse für Hochzeiten, Konzerte und Firmenanlässe. Das herrschaftliche Ritterhaus kann besichtigt werden. Ein spezieller Kinderrundgang unter dem Motto «Seefahrt, Zimt und Schwalbenschwanz» lädt vor allem Familien zu einem Abstecher in die Vergangenheit ein. Dazu gibts einen Comic und ein Begleitheft mit schönen Zeichnungen und interessanten Geschichten rund ums Ritterhaus. An sechs speziell gestalteten Tischen erfahren die Kids unter anderem auch, wie der Zimt nach Europa kam.

Croisades, cannelle et queue de pie

Que savons-nous des croisades? Qu'ont le safran, la noix de muscade et les chevaliers en commun? Ces découvertes et d'autres nous attendent à la Maison des chevaliers «Ritterhaus Bubikon». Cette propriété médiévale située entre les lacs de Zurich, de Greifen et de Pfäffikon propose un aperçu de plus de 800 ans d'histoire. Elle est même réputée être l'unité administrative de l'Ordre de Saint-Jean la mieux conservée d'Europe.
Aujourd'hui, la maison des chevaliers de Bubikon n'offre pas qu'un décor fantastique aux mariages, concerts et pour le cinéma. Elle peut en effet être visitée et un circuit pour les enfants a même été aménagé sous le titre «croisades, cannelle et queue de pie», conviant ainsi les familles à une visite dans le passé. Six tables aménagées spécialement montrent aux enfants comment la cannelle est arrivée en Europe.

I N F O

Anreise / Trajet
Ab Zürich S5 Richtung Rapperswil. Vom Bahnhof ca. 10 Minuten zu Fuss entlang der Ritterhausstrasse. Mit dem Auto über die A53 bis Ausfahrt Rüti. Beim Kreisel rechts in die Kämmoosstrasse, nächste Verzweigung nochmals rechts.

De Zurich, S5 direction Rapperswil. De la gare, env. 10 min. à pied le long de la rue Ritterhausstrasse. En voiture, A53, sortie Rüti, à droite au giratoire et suivre la rue Kämmoosstrasse. Prendre encore une fois à droite au prochain croisement.

Kursbuchfeld / Indicateur pos. 740.

Geöffnet / Ouverture
April bis Oktober, Dienstag bis Freitag, 13.00–17.00 Uhr, Wochenende und Feiertage, 10.00–17.00 Uhr, am Montag geschlossen.

D'avril à octobre, du mardi au vendredi de 13h00 à 17h00, les week-ends et jours fériés de 10h00 à 17h00. Fermé le lundi.

Idealalter / Âge idéal
Ab ca. 5 Jahren.
Enfants dès 5 ans env.

Verpflegung / Boire et manger
Der Museumskiosk bietet Kaffee, Kuchen, Sandwiches, Snacks, Glacé, Sirup u. v. m.

Le kiosque du musée propose du café, des gâteaux, sandwiches, snacks, glaces, etc.

Weitere Auskünfte / Renseignements
Ritterhaus Bubikon
8608 Bubikon
Tel. 055 243 12 60
www.ritterhaus.ch

Oben: Im mittelalterlichen Ritterhaus erfahren wir mehr über Ritter, Johanniter und Kreuzzüge.
Haut: Cette propriété médiévale présente les chevaliers, l'Ordre de St-Jean et les croisades.

Unten: «Ich bin Didi und nehme Dich mit auf eine Reise durchs Ritterhaus.»
Bas: «Je suis Didi et je vais t'accompagner lors de ta visite dans l'univers du passé.»

Besucherstollen Teufelsgrund

Die Gemeinde Münstertal erwarb 1968 das Grubenfeld Teufelsgrund, nicht um Bergbau zu betreiben, sondern um die grossen Wasservorräte, die in den unteren Stollenanlagen vorhanden sind, im Bedarfsfall für die Trinkwasserversorgung zu nutzen. Durch den Ausbau des Schindlerstollens wurde es möglich, die alte Münstertaler Bergbautradition in Erinnerung zu rufen und der Bevölkerung sowie Urlaubern und Gästen Gelegenheit für die Besichtigung der alten Stollenanlage zu geben.

Begeisterung wird laut, wenn es speziell für die jüngeren Besucher ab fünf Jahren zur Führung im Bergwerk mit anschliessender Schatzsuche geht. Nach einer speziellen Führung für die Kinder mit einem Geologen geht es in einen Seitenstollen, in dem die Teilnehmer mit Hilfe von Goldwaschpfannen sich ihren Schatz aus dem Sand wie Schatzgräber waschen (Termine auf Anfrage, Anmeldung erforderlich). Da im Bergwerk ganzjährig eine Temperatur von 8°C herrscht und es teilweise feucht ist, sollte man eine Jacke mitnehmen.

Les galeries de la mine de Teufelsgrund

La municipalité de Münstertal a acquis en 1968 la mine de Teufelsgrund, non pas pour y travailler la roche, mais pour pouvoir, en cas de besoin, utiliser les importantes réserves d'eau, disponibles dans les basses galeries. Grâce à l'aménagement de la galerie de Schindler, il est devenu possible de réveiller l'ancienne tradition minière de la vallée de Münstertal et de permettre son accès à la population et aux vacanciers.

L'engouement est grand, notamment lorsque se déroule la visite spéciale, vouée aux enfants dès 5 ans. Elle propose une chasse au trésor après la découverte de la galerie au cours d'une visite adaptée et menée par un géologue. Les participants sont conduits dans une galerie pierreuse, où ils peuvent extraire leur trésor à l'aide de tamis et cuvettes (exclusivement sur demande). Il est recommandé de se munir d'un lainage, car la température des galeries est de 8°.

Das Kloster St. Trudpert war fast 1000 Jahre lang der kulturelle und politische Mittelpunkt des Münstertales.
Le monastère de St-Trudpert fut pendant près de 1000 ans le centre culturel et politique de la vallée.

Oben: Gut begehbarer Bergwerkstollen mit interessanten Mineralien im Ortsteil Mulden.
Haut: Les galeries sont faciles d'accès et contiennent des minéraux intéressants.

Unten: Kinder wollen jeden Tag etwas Neues erleben. Das Münstertal bietet ein vielfältiges Programm.
Bas: Les enfants aiment vivre de nouvelles aventures – ils seront comblés par cette excursion.

INFO

Anreise / Trajet
Autobahn A81 Singen–Stuttgart, Ausfahrt Bad Dürrheim, auf der B31 über Donaueschingen, Titisee Richtung Freiburg, danach auf der B3 nach Staufen und Münstertal – oder über die A5 Basel–Karlsruhe.

Autoroute A81 Singen-Stuttgart, sortie Bad Dürrheim, sur la B31 via Donaueschingen, Titisee direction Freiburg, puis B3 jusqu'à Staufen et Münstertal – ou A5 Bâle–Karlsruhe.

Geöffnet / Ouverture
Jeweils 14.00–17.00 Uhr geöffnet, April bis Mitte Juni sowie Mitte September bis Ende Oktober am Dienstag, Donnerstag und Wochenende – Mitte Juni bis Mitte September von Dienstag bis Sonntag – im November nur Wochenende.

De 14h00 à 17h00. D'avril à mi-juin et de mi-septembre à fin octobre le mardi, jeudi et le week-end – de mi-juin à mi-septembre du mardi au dimanche. En novembre seulement le week-end.

Idealalter / Âge idéal
Ab ca. 5 Jahren.
Enfants dès 5 ans env.

Verpflegung / Boire et manger
Das Münstertal bietet zahlreiche Gaststätten und Restaurants.

De nombreux restaurants parsèment la vallée de Münstertal.

Weitere Auskünfte / Renseignements
Tourist-Information Münstertal
Wasen 47, D-79244 Münstertal
Tel. 0049 7636-70740
www.muenstertal.de

Wohnen und wirtschaften in alten Zeiten

Wie haben die Kinder gutbürgerlicher Eltern im 19. Jahrhundert gespielt? Wer machte den Haushalt? Wie wurde gekocht? Das Museum Lindwurm in Stein am Rhein entführt uns in eine ganz andere, fremde Welt. Wir erfahren, wie eine Familie in längst vergangener Zeit in Stein am Rhein gelebt hat.

Die Bewohner des herrschaftlichen Hauses lebten für die damalige Zeit sehr gut, obwohl auch sie eng mit der Landwirtschaft verbunden waren. So gibt es im Hinterhaus die Stallungen, die Tenne und eine Wagenremise zu sehen. Im Herrenhaus gehen wir durch die verschiedenen Räume und haben dabei das Gefühl, als hätten die Bewohner bis vor Kurzem noch in den Stuben, im eleganten Empiresalon, in der «Beletage» oder im Kinder- und Bügelzimmer gelebt. Auch Waschküche und Vorratsräume wie Keller und Estrich werden in ihrer damaligen Funktion gezeigt. Durch das historische Ambiente, die authentische Ausstattung der Räume und nicht zuletzt durch die zahlreichen Zusatzinformationen erhalten Besucherinnen und Besucher einen lebendigen Eindruck von der Lebensweise einer einst tonangebenden bürgerlichen Oberschicht.

Vivre et travailler à l'ancienne

Comment les enfants de parents bourgeois jouaient-ils au 19ème siècle? Qui s'occupait du ménage? Comment cuisinait-on? Le musée Lindwurm de Stein am Rhein nous conduit dans un tout autre monde. Nous y apprenons comment une bonne famille vivait à Stein am Rhein autrefois.

Bien qu'étroitement liés à l'agriculture, les habitants de la maison seigneuriale possédaient un grand confort pour l'époque. Nous découvrons dans le bâtiment du fonds de la cour les étables, une aire de battage et une remise à voitures. Dans la demeure, nous passons de pièce en pièce, avec le sentiment que les résidents utilisaient encore récemment les différentes salles, le salon empirique, la chambre «Beletage», la chambre d'enfants ou la chambre à repasser. La buanderie et les pièces à provisions, comme la cave et le grenier, sont aménagées conformément à leurs anciennes fonctions.

Parkettboden, stilvolle Möbel, kostbare Teppiche: In einem Herrenhaus der Oberschicht lebte es sich gut.
Parquets, meubles de style, tapis précieux: il faisait bon vivre dans les demeures bourgeoises d'autrefois.

Oben: Die Palaisfassade von 1819 ist die einzige der Stadt, die den Empirestil unverändert beibehalten hat.
Haut: La façade du palais de 1819 est la seule de la ville qui ait su conserver son style empirique.

Unten: In der Küche war damals natürlich überall noch Handarbeit angesagt.
Bas: Le travail manuel faisait autrefois entièrement partie du quotidien.

I N F O

Anreise / Trajet

Stein am Rhein erreichen wir von Schaffhausen oder Romanshorn aus mit der Regionalbahn. Mit dem Auto fahren wir auf der Autobahn bis Frauenfeld und nehmen dann die Landstrasse über Bornhausen und Eschenz nach Stein am Rhein.

Stein am Rhein est accessible depuis Schaffhouse ou Romanshorn en train régional. En voiture, nous suivons l'autoroute jusqu'à Frauenfeld, où nous empruntons la route cantonale par Bornhausen et Eschenz, jusqu'à Stein am Rhein.

Kursbuchfelder / Indicateur pos. 760, 820.

Geöffnet / Ouverture

März bis Oktober täglich von 10.00 bis 17.00 Uhr, Dienstags geschlossen.

De mars à octobre de 10h00 à 17h00, fermé le mardi.

Idealalter / Âge idéal

Ab ca. 6–7 Jahren.
Enfants dès 6–7 ans env.

Verpflegung / Boire et manger

In der Altstadt von Stein am Rhein gibt es zahlreiche gemütliche Gasthäuser.

De nombreux restaurants parsèment la vieille ville de Stein am Rhein.

Weitere Auskünfte / Renseignements

Museum Lindwurm, Understadt 18
8260 Stein am Rhein
Tel. 052 741 25 12
www.museum-lindwurm.ch

Wissenswertes vom Bodensee

Direkt am Bodensee liegt am Kreuzlinger Seeweg 3 das Seemuseum. Hier kommen alle Besucher auf ihre Kosten, die sich für das Wasser, vor allem die Schifffahrt und die Fischerei interessieren.

Das Museumsgebäude wurde im Jahre 1717 als Kornschütte, Weinkeller und Trotte des Augustiner-Chorherrenstifts Kreuzlingen erbaut. Nach der Umgestaltung zu einem Landwirtschaftsbetrieb kaufte die Stadt Kreuzlingen Gebäude und Park, heute wird es von einer Stiftung als Museum genutzt. Es gibt auf drei Stockwerken viel zu sehen, so zum Beispiel den Anzug eines Helmtauchers, 40 Schiffsmodelle oder eine Ausstellung über die Seerettungsdienste. Ein spannendes Video zeigt eindrucksvoll die Arbeit der Polizei auf dem See. Weitere Highlights auf den 1200 Quadratmetern Ausstellungsfläche sind die Bodensee-Landschaftsmalerei sowie wechselnde Sonderausstellungen.

Découvertes intéressantes

Le Musée du lac se situe directement au bord du lac de Constance, à la rue Seeweg 3 de Kreuzlingen. Les visiteurs intéressés par l'eau, la navigation et la pêche seront assurément comblés.

Le bâtiment abritant le musée a été construit en 1717. Après avoir été utilisé comme grenier et cave à vin, il a finalement été racheté par la ville de Kreuzlingen, avec le parc attenant. Aujourd'hui, une fondation l'a transformé en musée, pour rendre palpable l'univers lacustre d'hier et d'aujourd'hui. Trois étages de découvertes, de la combinaison de plongée aux modèles réduits de bateaux, en passant par les services de sauvetage lacustre. Un film vidéo présente, en outre, le travail impressionnant de la police du lac, qui fascinera sans doute les jeunes visiteurs. Les peintures de paysages lacustres du lac de Constance sont également de toute beauté; elles invitent les adultes à la contemplation.

Idyllisch zwischen Bäumen liegt direkt am Bodensee das Kreuzlinger Seemuseum.
Le Musée du lac est situé dans un parc boisé en bordure du lac de Constance.

I N F O

Anreise / Trajet

Stündlich direkter Zug Zürich–Kreuzlingen, weiter auf der Linie nach Romanshorn bis Haltestelle Kreuzlingen-Hafen. Die Autobahn A7 führt von Zürich über Winterthur und Frauenfeld bis nach Kreuzlingen.

Des trains circulent toutes les heures de Zurich à destination de Kreuzlingen. Poursuivre direction Romanshorn jusqu'à l'arrêt Kreuzlingen-Hafen. En voiture: autoroute A7, Zurich via Winterthur et Frauenfeld.

Kursbuchfelder / Indicateur pos. 840, 830.

Geöffnet / Ouverture

Juli und August: Di–So, 14.00–17.00 Uhr, April, Mai, Juni, September und Oktober: Mi, Sa, So, 14.00–17.00 Uhr, November–März: So, 14.00–17.00 Uhr.

Juillet et août: ma.–di. 14h–17h, avril, mai, juin, septembre et octobre: me., sa., di. 14h–17h, novembre à mars: dimanche 14h–17h.

Idealalter / Âge idéal

Ab ca. 8 Jahren.
Enfants dès 8 ans env.

Zeitaufwand / Durée

Eine bis zwei Stunden.
Une à deux heures.

Verpflegung / Boire et manger

Restaurants in Kreuzlingen.
Restaurants à Kreuzlingen.

Weitere Auskünfte / Renseignements

Stiftung Seemuseum, Seeweg 3
8280 Kreuzlingen
Tel. 071 688 52 42
www.seemuseum.ch

Helmtaucher

Oben: Wer kennt die Arbeit der einstigen Helmtaucher? War sie gefährlich? In der Ausstellung erfahren wir mehr.
Haut: Qui connaît le travail qu'effectuaient autrefois les plongeurs? Et les dangers encourus?

Unten: Leider ist das Dampfschiff Helvetia längst Geschichte. Ein Modell erinnert an die alten Zeiten.
Bas: Le bateau à vapeur Helvetia appartient malheureusement à l'histoire.

Die Welt der gigantischen Luftschiffe

Seit der Eröffnung im Juli 1996 besuchten über drei Millionen Personen die weltweit grösste Schau der Luftschifffahrt, deren Geschichte auf fast 4000 Quadratmetern, unter anderem mit interaktiven Terminals und einem Teilnachbau von LZ 129 «Hindenburg», präsentiert wird. Die originalgetreue Rekonstruktion lässt eine Transatlantik-Fahrt von einst erlebbar werden. Schon beim Einstieg über das Fallreep und beim Blick durch die mit viel Liebe zum Detail und unter Verwendung von Originalwerkzeugen nachgebauten Passagierräume versinken die Museumsgäste in die Glanzzeiten der fliegenden Giganten. Beim Gang durch das Zeppelin-Museum in Friedrichshafen wird das Thema Luftschifffahrt nach technischen, industriepolitischen, militärischen, aber auch menschlichen und sozialen Gesichtspunkten erläutert. Das Ende der «Hindenburg» ging in die Geschichte ein, als sie am 6. Mai 1937 in Lakehurst (USA) bei der Landung explodierte.

Neben den Zeppelinen präsentiert das Museum auch eine Kunstsammlung mit Werken von Mittelalter bis zur Gegenwart.

L'univers des géants aériens

Depuis l'ouverture du musée, en juillet 1996, plus de trois millions de personnes ont visité le plus grand spectacle du monde voué au dirigeable, dont l'histoire est relatée sur près de 4000 mètres carrés, notamment au moyen de terminaux interactifs et d'une reconstruction partielle du LZ 129 «Hindenburg». La reconstruction fidèle à l'original retransmet le sentiment d'enthousiasme pour le Zeppelin, connu autrefois et permet de revivre son vol transatlantique. Rien qu'en montant l'échelle de coupée et en observant les espaces pour passagers, reconstruits avec beaucoup de précision et de détails au moyen des outils originaux, les hôtes du musée plongent dans l'âge d'or de ces géants aériens. Sur le parcours du musée du Zeppelin, le sujet des dirigeables est abordé sous l'angle technique, mais aussi des points de vue humains et sociaux. Le dernier voyage de «l'Hindenburg» est entré dans l'histoire, alors qu'il a explosé en se posant le 6 mai 1937 à Lakehurst (USA).

Im Zeppelin-Musuem entdecken wir die Motorengondel
eines Transatlantik-Luftschiffs.
Le musée du Zeppelin nous fait découvrir le moteur
d'un dirigeable transatlantique.

Oben: In der Museumshalle stehen wir staunend vor
der in Originalgrösse nachgebauten «Hindenburg».
Haut: Dans la halle du musée, nous contemplons avec
étonnement la reconstruction de l'«Hindenburg».

Unten: Auf dem Promenadendeck unterhielten sich die
Passagiere während ihres Transatlantikfluges.
Bas: Pendant leur vol transatlantique, les passagers ba-
vardaient sur un pont similaire à celui-ci.

I N F O

Anreise / Trajet

Friedrichshafen liegt am Bodensee in
Deutschland. Ob wir mit dem Zug
oder mit dem Auto anreisen, bei
Romanshorn überqueren wir den See
mit der Fähre und gelangen direkt
nach Friedrichshafen.

Friedrichshafen se situe au bord du lac
de Constance, en Allemagne. Que
nous voyagions en voiture ou en train,
nous traversons le lac en ferry depuis
Romanshorn et arrivons directement à
Friedrichshafen.

Kursbuchfelder / Indicateur pos. 840,
3810.

Geöffnet / Ouverture

Mai bis Oktober: Di–So, 9.00–17.00
Uhr, November bis April: Di–So,
10.00–17.00 Uhr. Im Juli, August und
September auch montags geöffnet.

De mai à octobre: ma-di de 9h00 à
17h00, nov. à avril: ma-di de 10h à
17h. En juillet, août et septembre ouvert aussi le lundi.

Idealalter / Âge idéal

Ab ca. 5 Jahren.
Enfants dès 5 ans env.

Zeitaufwand / Durée

Anderthalb bis zwei Stunden.
Une heure et demie/deux heures.

Verpflegung /
Boire et manger

Museumsrestaurant.
Restaurant du musée.

Weitere Auskünfte /
Renseignements

Zeppelin-Museum Friedrichshafen
Hafenbahnhof, Seestrasse 22
D-88045 Friedrichshafen
Info-Telefon: 0049 7541-3801-0
www.zeppelin-museum.de

Naturmuseum & Museum für Archäologie

atur- und Menschheitsgeschichte Tür an Tür – eine spannende Kombination, die es auf drei Stockwerken im Naturmuseum und Museum für Archäologie des Kantons Thurgau in Frauenfeld zu bestaunen gibt. Dem Gebäude ist ein Garten mit verschiedenen Nutz- und Kulturpflanzen angegliedert. Besonders beliebt sind die zahlreichen Kinderveranstaltungen. Kids kommen hier voll auf ihre Kosten, denn das Museum ist lebendig. Hier darf man zupacken und anfassen – egal ob Streichelfuchs, Aquarium oder Spiel- und Malecken. Im Formicarium lassen sich lebende Ameisen bei ihrem emsigen Treiben beobachten, und unter dem Mikroskop gibts allerei Spannendes zu entdecken. Das Museum versteht es aber auch, das Interesse für die Archäologie zu wecken. Wer kennt die römische Kleinstadt TASGETIVM? Oder wer hat schon einmal einen 5400 Jahre alten Steigbaum aus einem Pfahlbauerdorf gesehen? Und wer weiss, wie sich die Römer von lästigen Kopfläusen befreit haben? Dies und vieles mehr erfahren wir auf einer spannenden Reise in die Vergangenheit.

Musée d'histoire naturelle et d'archéologie

'histoire de la nature et celle de l'homme côte-à-côte – une combinaison fascinante, à découvrir sur les trois étages du musée d'histoire naturelle et d'archéologie du canton de Thurgovie, situé à Frauenfeld. Un jardin composé de différentes plantes utilitaires jouxte le bâtiment du musée. Les nombreuses animations pour les enfants en font un lieu particulier. Un musée vivant, qui séduit les petits. Il est autorisé de toucher, de jouer, de dessiner. Un terrarium permet d'observer les activités d'une population de fourmis et un microscope de découvrir des miniatures fascinantes. Le musée éveille également l'intérêt pour l'archéologie. Qui connaît la petite cité romaine de TASGETIVM? Et qui a déja vu de près une pomme vieille de 5000 ans? Qui sait comment les Romains se débarrassaient des poux? Des réponses à ces questions et à d'autres nous attendent au cours d'un voyage fascinant dans le passé.

I N F O

Anreise / Trajet

Frauenfeld liegt an der Intercity-Strecke Zürich–Romanshorn. Vom Bahnhof aus erreichen wir das in der Altstadt gelegene Museum zu Fuss in fünf Minuten. Mit dem Auto via A7 nach Frauenfeld, Parking Marktplatz, von dort aus drei Minuten zu Fuss, Zugang durch Museumsgarten.

Frauenfeld est située sur la ligne IC Zurich–Romanshorn. De la gare, nous rejoignons le musée en vieille ville après 5 minutes de marche. Voiture, via A7 dir. Frauenfeld, puis parking Marktplatz. Le musée est à 3 min. à pied, accès par le jardin du musée.

Kursbuchfeld / Indicateur pos. 840.

Geöffnet / Ouverture

Dienstag bis Sonntag von 14.00 bis 17.00 Uhr, Eintritt frei.

Du mardi au dimanche de 14h00 à 17h00, entrée libre.

Idealalter / Âge idéal

Ab ca. 7 Jahren.
Enfants dès 7 ans env.

Zeitaufwand / Durée

Eine bis drei Stunden.
Entre une et trois heures.

Verpflegung / Boire et manger

Museumscafé «Zum goldenen Becher».
Café du musée.

Weitere Auskünfte / Renseignements

Naturmuseum & Museum für Archäologie, Freie Strasse 26
8510 Frauenfeld
Tel. 052 724 22 19
www.museen.tg.ch

Im Naturmuseum in Frauenfeld bietet sich die Gelegenheit, die vielfältige Natur des Thurgaus kennenzulernen. Im Museum für Archäologie werden die wichtigsten archäologischen Funde der Region präsentiert.

Le musée d'histoire naturelle de Frauenfeld dévoile la variété de la nature thurgovienne. Le musée d'archéologie présente les trouvailles principales de la région.

Immer schneller und immer besser

Leise schnurren die Elektrokarts, wenn wir in die grosse Halle eintreten und über die riesige Bahn staunen. Seit 1996 ist Flawil in der Ostschweiz um eine Attraktion reicher. Im Habis-Areal, nur 200 Meter vom Bahnhof entfernt, befindet sich eine Karthalle, welche auch Familien und Kinder begeistert. Das ideale Programm für einen Regentag!

Für Erwachsene und für Kinder (Mindestgrösse 120 Zentimeter, ab ca. 6–7 Jahren) stehen perfekt gewartete Karts zur Verfügung. Familien können mit «VaKi-MuKi-Fahrten» gemeinsam das Kart-Erlebnis geniessen: Ist die Mutti schneller als der Vati oder sogar der Junior? Jeder will seine Bestzeit überbieten oder einfach rasante Runden auf dem sicheren, 300 Meter langen Rundkurs drehen. Die prickelnde Rennatmosphären erleben wir bei jeder Fahrt aufs Neue. «Immer schneller und immer besser» – dies zeigt die Erfahrung, denn jeder Fahrer wird immer schneller, je mehr Runden er fährt. Denn mit der Zeit steigt das Vertrauen in die Bodenhaftung der Karts, und jeder versucht, die Kurven noch idealer zu fahren.

Toujours plus vite, toujours mieux

Les karts électriques ronronnent doucement alors que nous pénétrons dans l'immense halle et que nous nous émerveillons en contemplant la piste. Depuis 1996, Flawil a rendu la Suisse centrale riche d'une nouvelle attraction. L'Habis-Areal, situé à juste 200 mètres de la gare, abrite une halle de karting qui séduit familles et enfants. Un programme idéal par mauvais temps!

Des karts parfaitement entretenus attendent petits et grands (grandeur minimale 120 centimètres, dès env. 6–7 ans). Les familles peuvent profiter de l'offre «VaKi-MuKi» et ainsi savourer ensemble les plaisirs du karting. Qui est le plus rapide, maman, papa ou les petits pilotes en herbe? Que chacun défende sa position et exécute ses tours à toute allure sur la piste sécurisée de 300 mètres. L'atmosphère pétillante des courses motorisées nous gagne à chaque tour davantage. «Toujours plus vite, toujours mieux» – l'expérience montre que les pilotes deviennent plus rapides à chaque nouveau tour effectué.

I N F O

Dank den rasanten Elektro-Karts entstehen keine Abgase und kein Motorenlärm.
Grâce aux moteurs électriques, il n'y a ni gaz d'échappement, ni bruit de moteur.

Anreise / Trajet

Mit der S-Bahn von St. Gallen nach Wil, etwa in der Mitte liegt Flawil.
Mit dem Auto: A1 Zürich–St. Gallen, Ausfahrt Uzwil, von dort Richtung Flawil/Gossau fahren.

Train S-Bahn St-Gall – Wil, Flawil est situé à peu près au milieu du parcours.
En voiture: A1 Zurich-St-Gall, sortie Uzwil, puis direction Flawil/Gossau.

Kursbuchfeld / Indicateur pos. 850.

Geöffnet / Ouverture

Dienstag bis Freitag, 17.00–23.00 Uhr, Samstag, 13.00–23.00 Uhr, Sonntag, 10.00–19.00 Uhr. Spezial-öffnungszeiten nach Vereinbarung.

Mardi à vendredi 17h00 à 23h00, samedi 13h00 à 23h00, dimanche 10h00 à 19h00. Ouverture spéciale en dehors de ces heures sur demande.

Idealalter / Âge idéal

Alle Altersstufen, Kinder-Karts ab ca. 6–7 Jahren.
Tous les âges, karts pour enfants dès 6–7 ans.

Oben: Nicht nur für Firmen, Gruppen und Familienfeiern ist der Spass in der Karthalle garantiert.
Haut: Un plaisir garanti pour les entreprises, les groupes et les fêtes de famille.

Unten: Die hell ausgeleuchtete Halle, wo die Karts so richtig auf Touren kommen, ist im Winter geheizt.
Bas: La halle bien éclairée dans laquelle les karts tournent à toute allure est chauffée en hiver.

Verpflegung / Boire et manger

Panorama-Restaurant (Snacks, Getränke); auf Vorbestellung für Firmen, Gruppen, Vereine, Familienfeste: Apéros, kalte und warme Menus.

Restaurant panoramique (snack/boissons), sur commande pour entreprises, groupes, clubs et fêtes de familles: apéros, mets chauds et froids.

Weitere Auskünfte / Renseignements

Fun City AG, Kartbahn Flawil
Habis-Halle, Waldau 1, 9230 Flawil
Tel. 071 394 62 26
www.kartbahnflawil.ch

Europas grösste Hobby-Eisenbahnlage

Das Toggenburg hat eine neue touristische Attraktion: Europas grösste Hobby-Eisenbahnanlage in Spur 0 (Massstab 1:45). In Lichtensteig fahren 30 Lokomotiven, 100 Personenwagen, 100 Güterwagen auf rund 1100 Metern Schienen. Ein 22 Meter langes Bahnhofareal mit 20 Gleisen, 650 Oberleitungsmasten, 1000 Lämpchen faszinieren die Besucher auf einer Ausstellungsfläche von 500 Quadratmetern.

Die aus den Fünfzigerjahren stammende, vom Textilfabrikanten Ludwig Weibel aufgebaute und mit der damaligen Technik versehene Anlage hat die monumentalen Ausmasse von 50 x 12 m und zeigt 16 gleichzeitig verkehrende Züge während einer Vorführung. Kinder können zudem Kleinanlagen selber bedienen.

Neben der Modellbahn gibts noch eine ganze Reihe weiterer Attraktionen wie die sehenswerten Oldtimer-Motorräder oder die Motormäher und Arbeitsgeräte aus Grossvaters Zeiten aus der Sammlung von Sepp Schlumpf. Aber auch die astronomischen Uhren von Werner Anderegg dürfen bestaunt werden.

Le plus grand train miniature d'Europe

Le Toggenburg possède une nouvelle attraction touristique: le plus grand aménagement de trains miniatures d'Europe en écartement de voie 0 (échelle 1:45). 30 locomotives, 100 voitures, 100 wagons-marchandise circulent sur environ 1100 mètres de voies. Une gare de 22 mètres de long, dotée de 20 voies, 650 poteaux caténaires, 1000 lampes fascinent les visiteurs sur une surface d'exposition de 500 mètres carrés.

L'installation remontant aux années cinquante, construite par le fabricant de textiles Ludwig Weibel et dotée de la technique d'autrefois, possède les dimensions monumentales de 50 x 12 m et présente 16 trains circulant en même temps. Les enfants peuvent jouer sur de plus petites installations.

Outre les trains miniatures, nous découvrons également toute une série d'attractions comme des motos anciennes, des moissonneuses et des machines de travail de l'époque de nos grands parents.

Die faszinierende Welt der Modelleisenbahn erleben wir im Toggenburg auf einer Spur-0-Anlage.
L'univers fascinant des trains miniatures dans le Toggenburg, sur une maquette à l'écartement de voie 0.

Oben: Auf dem grossen Bahnhof mit seinen 20 Gleisen können bis zu 16 Züge gleichzeitig abgefertigt werden.
Haut: La grande gare et ses 20 voies peuvent faire circuler jusqu'à 16 trains simultanément.

Unten: Ebenfalls eine Attraktion sind die 50 Oldtimer-Motorräder – eine einzigartige Sammlung.
Bas: Une attraction également, les 50 motos anciennes composant cette collection extraordinaire.

I N F O

Anreise / Trajet
Vom Bahnhof Wattwil mit dem Bus der BLWE bis fast direkt vor die Haustüre (erste Haltestelle nach der Post Lichtensteig, dem Fahrer melden, dass man die Erlebniswelt besuchen möchte).

De la gare de Wattwil, bus BLWE jusque presque devant l'entrée (premier arrêt après la poste de Lichtensteig, annoncer au chauffeur que l'on souhaite visiter le musée Erlebniswelt).

Kursbuchfelder / Indicateur pos. 870, 860.770.

Geöffnet / Ouverture
Jeden Mittwoch, Samstag und Sonntag, 10.30–16.30 Uhr. Vorführzeiten Bahn: 11.00, 12.30, 14.00 und 15.30 Uhr.

Tous les mercredis, samedis et dimanches de 10h30 à 16h30. Heures d'exploitation des trains 11h00, 12h30, 14h00 et 15h30.

Idealalter / Âge idéal
Ab ca. 6–7 Jahren.
Enfants dès 6–7 ans env.

Verpflegung / Boire et manger
Es ist erlaubt, das mitgebrachte Picknick im Bistro zu verzehren. Getränke können gekauft werden.

Il est permis de pique-niquer dans le restaurant Bistro. Achat de boissons possible.

Weitere Auskünfte / Renseignements
Erlebniswelt Toggenburg
Hof, 9620 Lichtensteig
Tel. 071 988 82 72
www.modeltraintoggenburg.ch

Ganz und gar kein Käse?

Oh doch, und was für einer …, denn der Appenzeller®Käse bringt die Gemüter in Wallung. Ob mild, kräftig oder so wie ihn einige besonders lieben: eben richtig «räss». So vielfältig wie der kulinarische Genuss ist die Appenzeller Schaukäserei in Stein, in der lieblichen Umgebung des Appenzellerlandes. Die feine und beliebte Appenzeller Spezialität wird hier in bester Qualität, unter hygienisch und technologisch besten Bedingungen hergestellt. Die Geheimnisse der Herstellung dürfen natürlich nicht verraten werden. Aber den gesamten Fabrikationsablauf kann man mitverfolgen – von der Milchannahme über das eigentliche Käsen im grossen «Kessi», das Pressen der Käsestücke bis zur Behandlung der Käselaibe im Reifekeller. Eine DVD-Schau vermittelt interessante Informationen, nicht nur über den Käse, auch über Land und Leute und das Appenzeller Brauchtum. Die Schaukäserei in Stein ist eine grosse Attraktion im Appenzellerland: täglich geöffnet, freier Eintritt, heimeliges Restaurant, Käse- und Souvenirshop und vieles mehr.

En faire tout un fromage?

Et pourquoi pas? Finalement, il l'a bien mérité, le célèbre fromage Appenzeller®. Qu'il soit doux ou salé, il est fort apprécié de tous. La fromagerie de démonstration de Stein, située au cœur du pays d'Appenzell nous propose de découvrir le secret qui se cache derrière le goût corsé de l'Appenzeller.
Cette délicieuse spécialité est confectionnée ici dans les meilleures conditions d'hygiène et de technologie, pour conférer au fromage toute sa qualité. Les secrets de sa fabrication ne nous seront certes pas dévoilés dans leur totalité, mais nous pourrons suivre le processus de fabrication, de la prise de lait à la cuisson du fromage, en terminant par la presse et le traitement des meules dans la cave de maturation. Une présentation sur DVD livre d'intéressantes informations, non seulement sur le formage, mais aussi sur le pays d'Appenzell et ses habitants. La fromagerie de démonstration de Stein est une attraction prisée: ouverte tous les jours, entrée libre, restaurant convivial, vente de fromages et souvenirs.

In der Appenzeller Schaukäserei schaut man dem Käser von der Besuchergalerie direkt ins «Käsekessi».
La fromagerie de démonstration de Stein permet aux visiteurs de suivre de près la fabrication du fromage.

Oben: Bevor die Käselaibe in den Handel gelangen, be-darf es einer langen Reife und Pflege im Käsekeller.
Haut: Une longue phase de maturation et de soin pré-cède l'apparition d'une meule sur le marché.

Unten: Die Appenzeller Schaukäserei verwöhnt Gross und Klein mit köstlichen Spezialitäten.
Bas: La fromagerie de démonstration comble petits et grands gastronomes …

I N F O

Anreise / Trajet
Von St. Gallen nehmen wir das Post-auto Fahrtrichtung Herisau. Es bringt uns direkt nach Stein. Mit dem Auto fahren wir von der Autobahnausfahrt (A1) Gossau über Herisau Richtung Appenzell. Nach Hundwil links nach Stein hinauf.

De St-Gall, nous prenons le car postal direction Herisau. Il nous conduit direc-tement à Stein. En voiture, sortie A1 Gossau, puis par Herisau direction Appenzell. Après Hundwil à gauche direction Stein.

Kursbuchfeld / Indicateur pos. 860.180 (Linie 180).

Geöffnet / Ouverture
Täglich von Mai bis Oktober, 9.00–19.00 Uhr, November bis April, 9.00–18.00 Uhr.

Tous les jours de mai à octobre de 9h00 à 19h00, de novembre à avril jusqu'à 18h00.

Idealalter / Âge idéal
Ab ca. 5 Jahren.
Enfants dès 5 ans env.

Zeitaufwand / Durée
Je nach Interesse bis 3 Stunden.
Selon l'intérêt, jusqu'à 3 heures.

Verpflegung / Boire et manger
Heimeliges Appenzeller Spezialitäten-restaurant mit «Buurestobe».

Restaurant convivial avec spécialités d'Appenzell.

Weitere Auskünfte / Renseignements
Appenzeller Schaukäserei
Dorf 711, 9063 Stein
Tel. 071 368 50 70
www.schaukaeserei.ch

Ausflugsregion St. Gallen–Bodensee

Ein geführter Stadtrundgang ist auch bei Regenwetter eine lohnenswerte Entdeckungsreise. Die Stadtführerinnen von St. Gallen verstehen es, die faszinierende Geschichte anschaulich zu erzählen. Episoden und Anekdoten aus der Vergangenheit vermitteln einen lebendigen Eindruck der Bedeutung von St. Gallen, verbunden mit Informationen zum heutigen Stellenwert als UNESCO-Weltkulturerbe, Bildungsstadt und attraktiver Wirtschaftsstandort. Ein weiterer Regenwetter-Magnet sind die verschiedenen Museen der Stadt: das Historische und Völkerkundemuseum, das Kunst- und Naturmuseum und das Textilmuseum. Das Naturmuseum zum Beispiel lockt mit eindrücklichen Exponaten aus der Welt der Dinosaurier.
Eine Kombination aus Bade-, Sport-, Spiel- und Einkaufsfreuden bietet das Freizeit- und Einkaufszentrum Säntispark in Abtwil. Bowling-Bahnen, Air Hockey, Dart, Slot Racing, Tischfussball, ein Billard-Center und natürlich das Erlebnis-Wellenbad warten auf die Besucher. Weitere regenwettertauglichen Attraktionen im Raum St. Gallen–Bodensee sind das Abenteuerland Walterzoo in Gossau sowie das Mineralheilbad in St. Margrethen.

Région de St-Gall – Lac de Constance

Un circuit guidé en ville est intéressant, même lorsqu'il fait mauvais temps. Les guides de St-Gall savent comment mettre en valeur et raconter l'histoire fascinante de leur ville. Les épisodes et anecdotes du passé transmettent une idée vivante de l'importance de St-Gall, mais aussi de sa place à notre époque, en tant que patrimoine culturel de l'UNESCO, ville universitaire et site économique attrayant.
Le centre Säntispark d'Abtwil propose une combinaison entre baignade, sport, jeux et shopping. Des pistes de bowling, Air Hockey, jeux de fléchettes, Slot Racing, babyfoot, centre de billard et piscine à vagues attendent les visiteurs. Le parc animalier Abenteuerland Walterzoo de Gossau, ainsi que les bains de St. Margrethen sont d'autres activités à faire en famille par mauvais temps.

Tradition und Moderne, alte und neue Bilderwelten begegnen sich in den zahlreichen Museen St. Gallens.
Tradition et modernité, l'ancien et le nouveau se côtoient dans de nombreux musées de St-Gall.

Oben: Stadtführungen in St. Gallen dauern rund zwei Stunden. Im Bild der Stiftsbezirk mit der Kathedrale.
Haut: Le circuit guidé de la ville de St-Gall dure environ deux heures. A l'image, la cathédrale en arrière-plan.

Unten: Das Wellen- und Erlebnisbad Säntispark Abtwil bietet vor allem Familien mit Kindern viel Spass.
Bas: La piscine de vagues du parc Säntispark Abtwil offre aux familles avec enfants de belles heures de plaisir.

INFO

Anreise / Trajet

St. Gallen, Gossau, Abtwil und St. Margrethen werden sowohl mit der Bahn als auch mit dem Auto auf guten Verkehrswegen schnell erreicht.

St-Gall, Gossau, Abtwil et St-Margrethen sont accessibles facilement et rapidement, aussi bien en train qu'en voiture.

Kursbuchfelder / Indicateur pos. 850, 880, 860.135.

Geöffnet / Ouverture

Öffentliche Stadtrundgänge in St. Gallen: von Mai bis Oktober, Montag bis Samstag, jeweils 14.00 Uhr, Dienstag immer Themenführungen. Im Juli und August zusätzlich sonntags, 14.00 Uhr.
Säntispark: Montag bis Freitag, 9.00–22.00 Uhr, Samstag und Sonntag, 8.00–22.00 Uhr.
Abenteuerland Walterzoo: März bis Oktober, 9.00–18.30 Uhr, November bis Februar, 9.00–17.30 Uhr.
Mineralheilbad: täglich ab 8.00 Uhr.

Circuits guidés à St-Gall: de mai à octobre, lu-sa: 14h00, en juillet et août le dimanche également. Säntispark: lu-ve: 09h00 à 22h00, sa et di: 08h00 à 22h00. Abenteuerland Walterzoo: mars – octobre, 09h00-18h30. Novembre à février, 09h00-17h30. Bain thermaux: tous les jours dès 8h.

Weitere Auskünfte / Renseignements

St. Gallen–Bodensee Tourismus
Tel. 071 227 37 37
www.st.gallen-bodensee.ch
www.saentispark.ch
www.walterzoo.ch
www.mineralheilbad.ch

Hunter & Co.

I N F O

Anreise mit dem öV

Mit der S-Bahn oder dem Regio-Express aus den Richtungen Zürich/St. Gallen bzw. Chur bis Rorschach oder Staad. Von beiden Bahnhöfen fahren regelmässig Postautos zur Haltestelle Flugplatz. Ein kurzer Spaziergang über das Flugplatzgelände führt Sie zum Hangar des Fliegermuseums.

Kursbuchfelder 880, 860.246.

Anreise mit dem Auto

Von Zürich Autobahn A1, Ausfahrt Rheineck. Weiter auf der Hauptstrasse Richtung Rorschach. Beim ersten Kreisel rechts Richtung Flugplatz. Von Chur Autobahn A13, ebenfalls Ausfahrt Rheineck und weiter wie oben.

Geöffnet

Jeden Samstag und Sonntag vom 1. März bis zum 31. Oktober von 13.30 bis 17.00 Uhr.

Idealalter

Ab ca. 4 Jahren.

Dauer

1 bis 2 Stunden.

Gruppenführungen

Jederzeit auf Voranmeldung:
Tel. 079 430 51 51.

Verpflegung

Cafeteria im Foyer.

Weitere Auskünfte

Fliegermuseum Altenrhein
Flugplatz St. Gallen-Altenrhein
9423 Altenrhein
Tel. 071 850 90 40
sekretariat@fliegermuseum.ch
www.fliegermuseum.ch

Hawker Hunter des Fliegermuseums Altenrhein in ihrem Element – alle Exponate werden regelmässig geflogen.
Hawker Hunter du musée d'aviation d'Altenrhein dans leur élément – les pièces exposées volent régulièrement.

Fliegermuseum Altenrhein

Das Fliegermuseum ist den Menschen und Maschinen gewidmet, die Geschichte an den Himmel schrieben. So wie der legendäre Hawker Hunter, der letztes Jahr seinen 55. Geburtstag feierte und während 36 Jahren in der Schweiz eingesetzt war. Im Fliegermuseum werden zwei Hunter-Trainer und ein Einsitzer auch heute noch regelmässig geflogen – wie übrigens alle Exponate. Deshalb hat das Fliegermuseum auch die grosse Ehre, das einzige fliegende Museum des Kontinents zu sein. Die Antique Airplane Association

of Switzerland (AAA) hatte bereits in den Achtzigerjahren die Idee, in Altenrhein ein Museum für historische Flugzeuge einzurichten. Als die Schweizer Luftwaffe 1994 ihre Hunter-Flotte auflöste, wurde der Verein Fliegermuseum Altenrhein gegründet. Sein Ziel war, wenigstens zwei der Kampfjets für die Nachwelt zu erhalten. Zunächst wollte niemand an das Gelingen des utopisch scheinenden Vorhabens glauben, aber schon 1995 startete der erste zivile Hunter der Schweiz in Altenrhein.

Da die grossen Unterhaltsgebäude der Flug- und Fahrzeugwerke Altenrhein FFA leer standen, erklärten sich weitere private Besitzer klassischer Flugzeuge bereit, ihre Maschinen in den Hallen der FFA einzumieten. Das Fliegermuseum war geboren: Aus dem Traum einiger Pioniere wurde Wirklichkeit für viele leidenschaftliche Freunde der Aviatik – und ein Anziehungspunkt für viele Besucher, die staunend dem Rauschen der Schwingen der Zeit lauschen können. Das Fliegermuseum zeigt heute spannende Zeugnisse der Aviatikgeschichte. Es erzählt vom Flugplatz St. Gallen-Altenrhein, von der traditionsreichen Firma Dornier und ihrem gewaltigen Flugboot Do-X. Die Geschichte der Schweizer Luftwaffe, der FFA und der Ostschweizer Fliegerei wird zum Erlebnis. Vor allem aber faszinieren die fliegenden Legenden: De Havilland Venom und Vampire, Boeing Stearman, Mirage, Bücker Jungmann, Nord Norécrin, WACO, Bristol Sycamore und viele mehr.

P S

Ein Zeugnis Schweizer Flugzeugbaukunst: Eine Pilatus P2 wartet auf ihren Start beim Fliegermuseum.
Témoin de l'art Suisse en construction d'avion: Un Pilatus P2 attend le départ devant le musée de l'aviation.

Mitglied werden & Events

Den Mitgliedern des Vereins Fliegermuseum kommt das Privileg zu, in den Museumsmaschinen mitzufliegen – auch in den Jets Hunter und Vampire. Der Mitgliederbeitrag beträgt CHF 80.– pro Jahr und berechtigt zum freien Eintritt. So besteht die Möglichkeit, die Flugzeuge nicht nur zu erhalten, sondern auch mit ihnen zu fliegen – und so ein Teil der Legende zu werden.

Noch wenig bekannt ist, dass das Fliegermuseum auch ein idealer Veranstaltungsort ist: Wie wärs mit einem Auditorium mit Swissair-Bestuhlung oder einem Event-Hangar mit ausgewählten Maschinen? Eine Veranstaltung oder Familienfeier im Fliegermuseum sprengt bestimmt den Rahmen, aber sicher nicht das Budget.

Devenir membre & Events

Les membres de l'Association du musée ont le privilège de pouvoir voler dans les avions du musée – également dans les jets Hunter et Vampire. La cotisation de membre annuelle est de CHF 80.– et offre également l'accès gratuit au musée. La possibilité d'organiser des manifestations au musée est encore peu connue. On peut en effet louer un auditorium doté de fauteuils Swissair ou un hangar décoré de quelques machines choisies. Les manifestations ou fêtes de famille au musée sont fort originales, sans toutefois revenir excessivement chères.

Oben: Das Fliegermuseum bringt die Legenden (hier eine Bücker Jungmann) dorthin, wo sie hingehören: in die Luft.
Haut: Le musée de l'aviation présente ses légendes (ici le Brücker Jungmann) là où elles ont leur place: dans les airs.

Unten: Es ist erstaunlich, womit sich Menschen in die Luft getraut haben: der Segelflugtrainer «Zögling».
Bas: Etonnant de voir avec quoi les hommes ont osé s'envoler: ici le «Zögling», une sorte de planeur.

I N F O

Die Schwingen der Zeit: Im Fliegermuseum kommen Sie den Maschinen so nahe wie sonst nur ihre Piloten.
Les ailes du temps: au musée d'aviation les machines sont à portée de main, comme si vous en étiez le pilote.

Transports publics

En train S-Bahn ou Regio-Express depuis Zurich/St-Gall ou de Coire à Rorschach ou Staad. De ces gares circulent régulièrement des cars postaux jusqu'à l'arrêt Flugplatz. Une courte balade à travers l'enceinte de l'aérodrome mène au musée.

Indicateur, pos. 880, 860.246.

Trajet en voiture

De Zurich, autoroute A1, sortie Rheineck. Puis route principale direction Rorschach. Au premier rond-point à droite, direction Flugplatz. De Coire, autoroute A13, et sortie Rheineck également.

Ouverture

Tous les samedis et dimanches du 1er mars au 31 octobre de 13h30 à 17h00.

Âge

Enfants dès 4 ans environ.

Durée

1 à 2 heures.

Visite guidée en groupe

Possible en tout temps sur réservation – tél. 079 430 51 51.

Boire et manger

Cafétéria à l'entrée.

Renseignements

Fliegermuseum Altenrhein
Flugplatz St. Gallen–Altenrhein
9423 Altenrhein
Tél. 071 850 90 40
sekretariat@fliegermuseum.ch
www.fliegermuseum.ch

Oben: Der Doppelrumpfjäger DeHavilland Venom, dahinter Segelflugzeug und Piaggio-Propellertrainer.
Haut: Avion de chasse DeHavilland Venom, à l'arrière un planeur et un Piaggio.

Unten: Eine klassische Schönheit ist das Schulflugzeug Boeing Stearman – hier mit einem kleinen Freund.
Bas: Une splendeur classique – le Boeing Stearman – exposée ici avec un copain de petite taille.

Musée d'aviation d'Altenrhein

Ce musée d'aviation est voué aux hommes et aux machines, qui ont écrit l'histoire de l'aviation, à l'image du légendaire Hawker Hunter, qui a fêté l'année dernière son 55ème anniversaire et qui a été en service en Suisse pendant 36 ans. Deux Hunter Trainer et un monoplace volent encore régulièrement aujourd'hui – comme les autres pièces d'exposition d'ailleurs. Ainsi ce musée d'aviation a le grand honneur d'être le seul musée volant du continent.

L'Antique Airplane Association of Switzerland (AAA) avait déjà, dans les années huitante, l'idée de créer un musée des avions historiques à Altenrhein. Lorsque l'Armée de l'air Suisse s'est départie de son parc d'Hunter en 1994, l'Association du musée d'aviation d'Altenrhein a été fondée, avec pour objectif de conserver pour la postérité au moins deux avions de chasse. Personne ne voulait vraiment croire à la réussite de ce projet utopique, pourtant en 1995 déjà, le premier Hunter civil de Suisse a pris son envol à Altenrhein. Comme les grands hangars d'entretien de la Flug- und Fahrzeugwerke Altenrhein FFA étaient vides, d'autres propriétaires privés d'avions classiques ont accepté de déposer leurs machines dans les hangars de la FFA. Le musée de l'aviation est né: du rêve de quelques pionniers, une réalité a vu le jour pour de nombreux amateurs passionnés d'aviation – une attraction qui attire beaucoup de visiteurs.

Le musée de l'aviation présente aujourd'hui des témoins passionnants de l'histoire de l'aviation. Il évoque l'aérodrome de St-Gall-Altenrhein, la célèbre entreprise Dornier et son gigantesque hydravion Do-X. L'histoire de l'Armée de l'air Suisse, de la FFA et de l'aviation de Suisse occidentale est également relatée de manière palpable. Un musée où les légendes volantes fascinent tout un chacun: Havilland Venom et Vampire, Boeing Stearman, Mirage, Bücker Jungmann, Nord Norécrin, WACO, Bristol Sycamore et d'autres.

Vielfalt im Naturmuseum erleben

Der grösste Kanton der Schweiz wird ganz von den Alpen geprägt. Dies hat klare Einflüsse auf die Bodennutzung, die Vielfalt der Landschaft und nicht zuletzt auf das Klima. Die Ausstellung zeigt die Nutzungsgeschichte des Kantons auf und beschreibt den Weg von der Natur- zur Kulturlandschaft.
Neben verschiedenen Lebensräumen (Boden, Feuchtgebiete usw.) werden auch deren Vertreter vorgestellt. Zudem sind die Schalenwildarten, die Raubtiere und die wichtigsten Baumarten Graubündens ein Thema. Der neue Ausstellungsteil befasst sich mit der Vielfalt des Lebens. Vier «Informationsspiralen» illustrieren, was unter dem Begriff Biodiversität zu verstehen ist. Im Labor kann handfest erlebt werden, wie Objekte den Weg von der Natur ins Museum finden. Eine interaktive PC-Station ermöglicht einen virtuellen Rundgang durch die Sammlungen des Bündner Naturmuseums. Weiter sind Fische, Mineralien und die Erdgeschichte ein wichtiges Thema.

Vivre la diversité d'un musée naturel

Le plus grand canton de Suisse est fortement influencé par les Alpes. Ceci a des répercussions distinctes sur l'utilisation du sol, la diversité des paysages et enfin, sur le climat.
L'exposition présente l'histoire de la nature du canton et décrit le chemin séparant la nature à l'état brut de celui de terre cultivée. Les représentants des différents espaces de vie (sol, secteurs marécageux, etc.) sont présentés de façon détaillée, ainsi que le grand gibier, les prédateurs et les principales sortes d'arbres présents dans les Grisons. La nouvelle partie de l'exposition s'intéresse à la diversité de la vie. Quatre «spirales d'information» illustrent ce que le terme biodiversité représente. Le laboratoire permet d'apprendre comment les objets d'exposition trouvés dans la nature entrent au musée. Une station interactive nous fait découvrir les collections du musée naturel des Grisons de manière virtuelle. Les poissions, minéraux et la nature de notre planète sont également des axes centraux de l'exposition.

Aussergewöhnliche Inszenierungen: Dieser «Heugümper» ist glücklicherweise nur eine Vergrösserung.
Mises en scène exceptionnelles: cette sauterelle n'est en fait qu'une reproduction agrandie.

Oben: Eine spannende Ausstellungslandschaft macht das Thema «Biodiversität» mit allen Sinnen erlebbar!
Haut: Une exposition palpitante sur le thème de la «biodiversité» nous permet de l'explorer par nos sens.

Unten: Neben den Säugetieren werden auch Fliegen, Käfer, Schmetterlinge, Pilze, Moose u. v. m. gezeigt.
Bas: Outre les mammifères, nous découvrons aussi des mouches, insectes, papillons, champignons, etc.

I N F O

Anreise / Trajet

Mit dem Intercity von Zürich nach Chur oder mit dem RegioExpress von St. Gallen nach Chur. Das Naturmuseum an der Masanserstrasse 31 erreichen wir vom Bahnhof aus zu Fuss über die Ottostrasse in 10 Minuten.

Intercity Zurich – Coire ou RegioExpress de St-Gall à Coire. Le musée naturel à la rue Masanserstrasse 31 est accessible en 10 minutes à pied depuis la gare (via Ottostrasse).

Kursbuchfelder / Indicateur pos. 900, 880.

Geöffnet / Ouverture

Dienstag bis Sonntag, 10.00–17.00 Uhr, Montag geschlossen.

Mardi à dimanche de 10h00 à 17h00, fermé le lundi.

Zeitaufwand / Durée

Eine bis zwei Stunden.
Entre une et deux heures.

Idealalter / Âge idéal

Ab ca. 5 Jahren.
Enfants dès 5 ans env.

Verpflegung / Boire et manger

In der Stadt Chur.
En ville de Coire.

Weitere Auskünfte / Renseignements

Bündner Naturmuseum
Masanserstrasse 31, 7000 Chur
Tel. 081 257 28 41
www.naturmuseum.gr.ch

Beachtenswerte Kunst in Poschiavo

Nicht nur bei schlechtem Wetter ist der Palazzo des Konsuls Antonio Semadeni einen Besuch wert. Er war der erste Schweizer Konsul in Warschau. Der Prachtbau entstand 1856 aus einem einfachen Bauernhaus.

Im Jahre 2002 wurde der Palazzo durch geschickte Fachleute restauriert und der ursprüngliche Zustand von 1856 wieder hergestellt. Wertvolle Stukkaturen, Böden aus einheimischem Gneis und edle Hölzer zeichnen die Casa Console in Poschiavo aus. Das Ambiente des Palastes mit seinen alten Puschlaver Öfen versetzt uns in die Zeit des 19. Jahrhunderts zurück.

Im Palazzo finden wir eine Sammlung schöner und wertvoller Gemälde aus dem 19. Jahrhundert. Schweizer Maler wie Hodler, Anker, Koller und Künstler der «Münchner Schule» zeigen 80 romantische Werke. Der grösste deutsche Biedermeier-Maler Carl Spitzweg ist gleich 16-mal vertreten. Seine liebenswerte Darstellung menschlicher Schwächen ist ganz sicher einen Besuch wert.

Remarquables œuvres d'art à Poschiavo

Le palais du Consul Antonio Semadeni n'est pas uniquement digne d'une visite lorsqu'il fait mauvais temps. Antonio Semadeni était le premier Consul suisse à Varsovie. Cet édifice magnifique est le résultat de transformations d'une vieille ferme, effectuées en 1856. En 2002, des professionnels compétents ont su rendre au palais son âme de 1856. Des précieuses œuvres en stuc, des sols en gneiss et des planchers en bois noble valorisent la Casa Console à Poschiavo. L'ambiance de ce palais, avec ses fourneaux typiques de Poschiavo, nous baigne dans l'atmosphère du 19ème siècle. Nous découvrons dans ce Palazzo une collection des plus belles et plus précieuses peintures de 1800. Huitante toiles romantiques font revivre des peintres comme Hodler, Anker, Koller, et des artistes de la fameuse «Ecole de Munich». Carl Spitzweg, le plus grand peintre allemand de style Biedermeier est présent avec 16 toiles.

I N F O

Anreise / Trajet

*Schon allein die Anreise mit dem
Bernina-Express von Chur nach
Poschiavo mit Blick auf Gletscher und
Seen ist ein unvergessliches Erlebnis.
Mit dem Auto fahren wir die gleiche
Strecke via Julier- und Berninapass.*

*Le voyage avec le Bernina Express,
de Coire jusqu'à Poschiavo avec vue
sur les glaciers et les lacs de montagne
est à lui seul un événement inou-
bliable. Le trajet en voiture se fait par
les cols du Julier et de la Bernina.*

*Kursbuchfelder / Indicateur pos. 940,
960.*

Geöffnet / Ouverture

*Dienstag bis Sonntag, 11.00–16.00
Uhr, Montag und November geschlossen.*

*Mardi à dimanche de 11h00 à
16h00, fermé le lundi et en novembre.*

Idealalter / Âge idéal

*Ab ca. 12 Jahren.
Enfants dès 12 ans env.*

Verpflegung /
Boire et manger

*Gleich um die Ecke gibt es an der
Piazza Comunale die Pizzeria Albrici.*

*Près de la Casa Console, sur la place
communale, se situe la pizzeria Albrici.*

Weitere Auskünfte /
Renseignements

*Casa Console
Stiftung / Fondazione Ernesto Conrad
Via da Mez 32 (Piazza)
7742 Poschiavo
Tel. 081 844 00 40
conradstiftung@bluewin.ch
www.valposchiavo.ch*

Oben: Der Palazzo gilt als Juwel der Baukunst. Er wurde
1856 vom Konsul Antonio Semadeni erbaut.
Haut: Le Palazzo, un joyau d'architecture construit par
le Consul Antonio Semadeni.

Unten: Ein alter Mönch mit einem jungen Dirndl vor seiner Klause (Gemälde von Carl Spitzweg).
Bas: Un vieux moine en compagnie d'une jeune fille
devant son ermitage (toile de Carl Spitzweg).

CIP-Einheitsaufnahme
Regenwetter Freizeitführer – Schweiz:
Ralph Bernet – 1. Auflage
Zug: Edition Lan AG, 2007
ISBN 3-906691-31-4
NE: Ralph Bernet

Die Ratschläge, Bilder und Routenvorschläge in diesem Buch sind vom Autor und Verlag sorgfältig erwogen und geprüft worden, dennoch kann eine Garantie nicht übernommen werden. Das Reisen, Biken, Skaten, Wandern usw. nach diesen Vorschlägen erfolgt auf eigene Gefahr. Eine Haftung des Autors bzw. des Verlages und seiner Beauftragten für Personen-, Sach- und Vermögensschäden aller Art, die aus den im Buch gemachten Hinweisen resultieren, ist ausgeschlossen. Für die im Buch aufgeführten Preis wird keine Garantie bzw. Haftung übernommen.

ISBN 3-906691-31-4
© 2007 by Edition Lan AG
CH-6304 Zug, www.editionlan.com
1. Auflage 2007

Korrektorat: Carsten Zuege
Französische Übersetzung: Sandrine Wasem